毒親介護

石川結貴

JN209111

文春新書

1240

毒親介護

目次

第3章 お金と仕事と希望――、介護で自分の人生が消えていく

はじめに

自分が年齢を重ねるほど、親も年を取り老いていく。誰しも頭では理解していることだが、現実にそうなったらいったい何が起きるだろうか。

「長寿」や「敬老」といった言葉があるように、一般的に親の長生きは子の願い、高齢者を敬い労わるのは当然のことと思われている。実際、親の老後を支える人は多いし、そこには深い愛情や信頼もあるだろう。

一方で老いた親との関係に悩み、苦しむ人もいる。たとえば「毒親」を持つ人たちだ。

毒親とは十数年前から使われる造語で、スーザン・フォワードの著書『毒になる親』（一九九九年・毎日新聞社、二〇〇一年・講談社＋α文庫）がもとになったとされる。フォワードは著書の中で、「毒になる」という強烈な表現の理由を次のように述べている。

――世の中には、子供に対するネガティブな行動パターンが執拗に継続し、それが子供の人生を支配するようになってしまう親がたくさんいる。（中略）そういうたぐいの親を一言で表現するのにぴったりな言葉はないものかと考えるたびに、頭をよぎったのは、「有毒な」とか「毒になる」という言葉だった。ちょうど公害を引き起こす有毒物質が人体に害を与えるのと同じように、こういう親によって子供の心に加えられる傷はしだいにその子供の全存在にわたって広がり、心を蝕んでいくからである――。(『毒になる親』講談社＋α文庫より抜粋)

フォワードが言う毒親は、子どもにあきらかな悪影響を及ぼし、その心身を蝕み壊してしまう存在だ。日常的に暴力をふるったり、何かにつけて罵ったり、必要な世話を怠ったり、支離滅裂な言動で振りまわしたりするような親、そう考えるとわかりやすい。

要は「鬼のような親」、「支配的な親」、「自己中心的な親」などの総称が毒親と言えるが、この言葉が一般化するにつれ、より広い解釈がされるようになった。特に母親との関係に悩む女性にとっての「毒母」は、直接的な暴力や暴言とは無関係のことが多い。むしろ我が子を溺愛し、過保護な子育てをするのだが、それがかえって子どもの人生を苦しめるといった実態も報告されてきた。

こんなふうに毒親をめぐる問題は、個人の考え方や家庭環境、家族の関係性などによって捉え方が変わる。ある人にはふつうの親でも別の人にしたら毒親ということも多いし、昔はまともな親だったのが年を取ったら毒親に変わった、そんな場合もあるだろう。

いずれにせよ親が高齢になることは、子どもにさまざまな現実を突きつける。介護や経済的支援といった問題だけでなく、家族の過去やこれまでの親子関係、親族同士の思惑、自分自身の葛藤など、いくつもの難問が生じたりする。

自分を傷つけたり、愛してくれなかったり、勝手な言動を繰り返してきた親が老いたとき、子どもはどうすればいいだろう。

親と絶縁するという方法はあるだろうし、実際に一切の関わりを持たない人もいる。その一方、親との関係をどうにも断ち切れず、あらたな状況に踏み出す人も少なくない。

どれほどひどい親でも、子どもにとっては唯一無二の存在だ。親が高齢になり、親子関係のタイムリミットが迫るほど「親からの愛情や承認がほしくなった」、そんなふうに話す人もいる。死ぬまでに詫びてほしい、今度こそ変わってくれるだろう、せめて今からでも愛されたい、そんな感情から進んで親の介護を担うこともある。

親と距離を置いたり、長く疎遠になっていた人でも、さまざまな事情から近づかざるを得ない場合もある。たとえば親に認知症のような症状が現れたとき、日々の生活や金銭管理には誰かの助けが必要だ。介護保険をはじめとする各種の公的サービスはあるが、こうした支援は万全ではない。手続きなどの実務的な役割が課せられたり、代理人や身元引受人を求められたり、金銭負担を任されたりするのは、一般的に家族である。また、親孝行や恩返しが美徳とされるこの国では、老いた親と絶縁することへの理解を得られにくい。「過去は水に流して」、「年寄りなんだから許してあげなさい」、「今、親孝行しないでいつするんだ」、そんな周囲の声に従うしかない場合もあるだろう。

人それぞれの事情はあるにせよ、ともかくも高齢の毒親と向き合うことになった人たち——、本書はその実態を描くものだ。とはいえ「向き合う」こと自体が大変で、そもそも親と話ができない、関わりを拒まれる、善意が悪意に解釈される、親への嫌悪感が拭えないなど、子どもの側は次々と壁に直面する。

さまざまな形で依存し、要求し、無理難題を吹っ掛けてくる親に疲弊する人もいる。一見弱者のような老いた親が、実際には巧妙に子どもを支配し、あらたな苦しみを与える場合もある。詳細は後述するが、毒親の支配は暴力や過干渉によるものだけではなく、むしろ「非力」が演出されたりする。強権的に何かを強いるよりも、何もしないことで子どもを操ろうとするのだ。

反面、「毒親」や「毒母」と呼ばれる人たちにも、なんらかの理由や背景があるだろう。老いに伴う心身の変化、高齢者特有の心理などを考えることで、親との関係性に別の視点を得られるかもしれない。

つらい過去や心の傷を抱えた人にとって、その回復は重要な課題だ。各種の制度やサービスを利用できても、それだけで傷が癒えるわけではない。自分の苦悩をどう整理し、過去や現在、今後の人生をどのように捉えればいいのか、当事者の声や専門家の解説をもとに示していく。

親子関係と一口に言っても、その人の思いはその人にしかわからないだろう。百人いれば百通りの形があり、当然ながら誰しも納得できるような解決策はむずかしい。

それでも本書がなんらかの気づきをもたらし、より良い人生を獲得するための一助となること、あらたな希望や展望につながることを願っている。

※本書は綿密な取材に基づいていますが、当事者のプライバシーに配慮し、一部の事例において必要最低限の改変を行いました。また、事例で紹介する人物には仮名を使用しています。
※各種の生活支援や介護サービスは、個人の状況に応じて適用されたものです。家族構成や経済状況、健康状態、介護認定などによりサービスの内容は異なります。

第1章　親の老いがむき出しにする、過去と家族関係

女性の三人に二人が九〇歳まで生きる時代

日本の高齢者人口は三五五七万人（二〇一八年九月総務省人口推計）。平均寿命は男性八一・〇九歳、女性八七・二六歳といずれも過去最高を更新し、九〇歳以上は二〇六万人に達している。

厚生労働省が社会保障審議会の年金部会に提示した参考資料（二〇一八年一〇月）によると、一九五〇年生まれで六五歳まで生きた人のうち、男性の三人に一人、女性の三人に二人は九〇歳まで長生きする。今でさえ「超高齢化」と呼ばれる社会だが、将来的にも高齢者の増加は進み、老後の時間はいっそう長くなっていく。

それを子どもの側から見れば、老いた親との関係がまだまだつづくということだ。うれしい人もいるだろうし、親孝行に励む人もいるだろう。だが親子関係に悩み、毒親に苦しめられてきた人たちは、この先の何十年かに少なからず不安を覚えるかもしれない。

体力や生活力が衰える、認知機能が低下してきた、持病や障害がある、そんな親には誰かの助けが必要だ。公的な支援や各種の福祉サービスはあるにせよ、決して万全というわけでもなく、そもそも誰かが申請や手続きをしなければ進まない。

図1　要介護者から見た主な介護者の続柄（注：熊本県を除く）

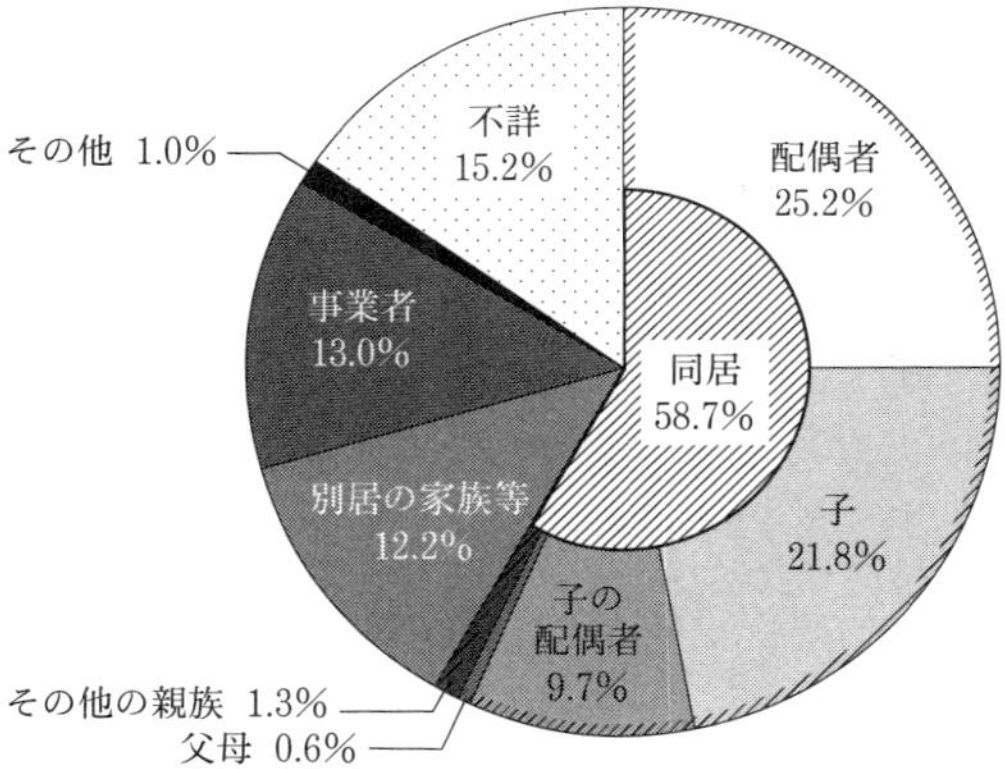

同居の親族に介護されている人は 58.7%。
介護者の続柄は「子」と「子の配偶者」の合計が 31.5% であり、「配偶者」の 25.2% を上回る。

出典『平成 28 年国民生活基礎調査』（厚生労働省）

そんなとき頼りになる「誰か」とはたいてい家族であり、子どもや子どもの配偶者の場合も多い。実際、親の介護を担っている子どもの割合は、施設などの介護事業者よりはるかに多いのだ。

内閣府の『平成三〇年版高齢社会白書』によると、要介護（要支援含む）認定を受けた高齢者数は六〇六万八千人。このうち六割弱は「同居の親族」が世話をしている。親族のうち「配偶者」は二五・二％だが、「子」（二一・八％）と「子の配偶者」（九・七％）は計三一・五％と上回る。

また、「別居の家族等」が世話をする割合は一二・二%となっている。介護を必要とする高齢者の年齢を考えれば、別居の家族とはおそらく子どもや子どもの配偶者だろう。この数字を加えれば、高齢者の介護を担う子世代の割合は四三・七%。対して、施設などの介護事業者は一三%である。

介護施設と介護人員の不足は深刻化

親が高齢になり、介護が必要になったら施設に入ってもらおう、そんなふうに考える人もいるだろう。とりわけ毒親に苦しめられてきた人なら、介護など絶対にしたくない、どこかの他人にすべてお任せ、そう思っても無理はない。とはいえ介護の現状はシビアで、今後はさらに厳しくなる見通しだ。

まずは介護施設に空きがない。特別養護老人ホーム(注①)への入所待機者数は全国で三六万人を超えている(二〇一六年四月・厚生労働省)。福祉医療機構の調査では、二〇一七年一〇~一一月時点での特別養護老人ホーム一施設あたりの平均待機者数は一一七人。待機期間は地域による差が大きいが、短いところは申し込みから数ヵ月、長いところでは数年も待たされるという。

介護人員の不足も深刻化している。介護労働安定センターの『平成三〇年度介護労働実態調査』によると、介護職員の「不足感がある」と回答した事業者は六七・二％に上る。

今後はさらに人員不足が加速する。団塊世代が七五歳以上の後期高齢者となる二〇二五年には、介護職員が三七・七万人も不足するという推計（『二〇二五年に向けた介護人材にかかる需給推計について』厚生労働省）も報告されている。

そもそも国の方針が、「在宅介護」を推進する方向へと進んでいる。厚生労働省内に「在宅医療・介護推進プロジェクトチーム」が設置され、在宅や家族が拠点となる介護を推し進めようとしているのだ。

その理由として挙げられるのは、財政難や介護人員不足、ノーマライゼーション（高齢者や障害者などを施設に隔離せず、健常者と一緒に助け合いながら暮らしていく社会構築）などである。特に財政難は喫緊の課題であり、社会保障費の増加を食い止めるために介護施設の新設や拡充は抑制されている。

たとえば全国に約一三〇〇ヵ所ある介護療養型医療施設は、二〇二三年度末に廃止される予定だ。同施設は高齢者が長期にわたって医療やリハビリテーション、介護を受けられる施設で、特別養護老人ホームへの「入所待ち」などにも利用されている。

とはいえ、実際には介護療養型医療施設の待機者からして多い。つまり「入所待ちをする施設に入ることさえ待たされる」という状況だが、将来的に廃止が決定しているため二〇一二年以降は新設されていない。廃止後はあらたな基準を設けた「介護医療院」に移行される予定だが、ますます増加する高齢者のニーズにどれほど対応できるのか、不透明な点も多い。

一方、前述した厚生労働省内の「在宅医療・介護推進プロジェクトチーム」では、在宅医療や在宅介護を推進する背景を次のように説明している。

・六五歳以上の高齢者数は、二〇二五年には三六五七万人となり、二〇四二年にはピークを迎える予測（三八七八万人）。また、七五歳以上高齢者数も増加していき、二〇二五年には二〇〇〇万人を超え、更に二〇五五年には全人口に占める割合は二五％を超える見込み。

・首都圏をはじめとする都市部において、今後急速に七五歳以上人口が増える。

・自宅で療養して、必要になれば医療機関等を利用したいと回答した者の割合を合わせると、六〇％以上の国民が「自宅で療養したい」と回答した。また要介護状態になっても、

自宅や子供・親族の家での介護を希望する人が四割を超えた。

注目したいのは、「要介護状態になっても、自宅や子供・親族の家での介護を希望する人が四割を超えた」という点だ。「自宅か施設か」、「家族か他人か」と聞かれれば、「家のほうがいい」、「やはり家族や子どもに頼りたい」と答える人も多いだろう。一方、介護を担う家族の意思、子どもの事情や気持ちはどれほど考慮されているのだろうか。

医療や介護施設の抑制によって、入所できない高齢者は在宅で生活することを余儀なくされる。在宅介護に必要な医療体制や介護制度が万全になればいいが、もしもうまく進まなければ、かつて言われた「家族の介護地獄」の再来もあり得るだろう。

いずれにせよ、子どもが老いた親とまったく関わらないというのはむずかしい。だが、こと毒親に関しては「関わる」ことからしてむずかしいという現実がある。まずはその難題に直面した、ある男性の苦悩を報告しよう。

注①　特別養護老人ホーム＝地方自治体や社会福祉法人が運営する公的ホームで、寝たきりや認知症などにより常時介護が必要な人が入所できる施設。原則として「要介護三」以上という入所条件があるが、費用が安く終身入居が可能。

実家には変色したズボンが何本も

周囲をキャベツ畑に囲まれた群馬県北部の実家は、玄関からの長い廊下に続き間の和室、典型的な農家の造りだ。北向きの薄暗い台所に入りかけた沢田雅也さん（五〇歳）は、足の踏み場もないほどの散らかりように言葉を失った。

古い食品に汚れた食器、空き缶と空き瓶が山と積まれる中に、黒く焦げた鍋やフライパンが見える。どこからか漂う嫌な臭いの元をたどると、隣の茶の間から変色した男物のズボンが何本も出てきた。尿なのか便なのか、いずれにせよ「これはマズイな」と胸がざわつく。

自宅と勤務先がある神奈川県から高速道路を使って四時間。決して遠くはない距離なのに、二〇年近くほとんど訪ねてこなかった。七八歳の父と七四歳の母、老夫婦の二人暮らしを忘れたわけではないが、父への嫌悪感がどうにも拭えなかった。だが今となっては、そうも言ってはいられない。

「半年前に母が亡くなったんです。ガンで闘病していたことは知ってたけど、本人からの電話で回復したと聞いていました。当面は老夫婦だけで平気だろうと思っていたんですが、いきなり葬儀社からの連絡で駆けつけることになって。こういう大事な報せさえ他人任せにするんですから、父の人間性がわかるでしょ？」

怒りと諦めが混ざったように言うと、雅也さんは少しおどけた。「これからのことを考えると、ハゲも進みそうだなぁ……」、薄くなった頭頂部を手のひらで撫でまわす。

自動車販売会社に勤め、二歳年下の妻と独立した社会人の息子がいる。仕事も時節柄キツイのだが、もっとキツイのは妻との関係。いわゆる「家庭内別居」状態で、もう何年もろくに口をきいていない。母の葬儀や法要には参列してくれたが、ひとり残った父をどうするか、妻には相談できる雰囲気ではないという。「僕は育ちが悪くて夫婦仲も悪い。ついでに性格だって悪いんですよ」、そう自嘲気味につぶやいた。

雅也さんは兼業農家の長男として育った。両親に祖母、二歳下の妹の五人家族、農業は主に母と祖母が担い、父は近くの木材加工場で働いていた。「酒乱だった」という父は、飲むほどに人が変わる。メシがまずい、風呂がぬるい、些細なことに激高しては母や雅也さんを殴りつけた。

身長一六〇センチと男としては小柄な父だが、筋肉質のガッシリした体格で力があった。

五発、六発と殴られるとたちまち顔が腫れ上がり、そんな姿で学校に行くと「お岩さん」とからかわれた。四谷怪談に出てくる女主人公に似て不気味、そして哀れだったのだろう。

「でも殴られるのはまだマシだったかな。とにかくつらかったのは正座ですね」

淡々とした口調ながら、その目はどこか陰りを帯びた。

交通事故をきっかけに酒乱になった父親

幼いころの記憶にある父は、気難しさの中にも優しさがあった。気が向くと雅也さんを伴い、近所の川で釣りを楽しむ。パチンコの景品だと子ども向けの菓子を持ち帰ったり、野球観戦に連れて行ってくれたりもした。

酒の飲み方もほどほどで自宅では晩酌程度、羽目をはずして泥酔するのは地域の祭りや男衆の寄り合いくらいだ。そんな様子が変わったのは雅也さんが小学二年生のとき、思い当たる理由は二つあるという。

父は仕事への往復にオートバイを使っていたが、あるとき自損事故を起こして全治六ヵ月の重傷を負った。個人経営の会社で休業補償などなく、長期の休職を理由に一旦はクビになりかけた。なんとか懇願して免れたが、定期収入が途絶えた上に無理して購入したオートバイは廃車。当時は高価だったオートバイに預金のほとんどをつぎ込んでいたため、一家は経済的に苦しくなった。

その一方、分家して近くに住んでいた父の弟、雅也さんからすれば叔父にあたる人物は養豚業で成功し、村内で一目置かれる存在となっていた。

「事故の後遺症による体の痛みを酒でごまかす。それに加えて職場のストレスや叔父に対する嫉妬もあって、なおさら酒に逃げたのかもしれません。不思議なもので、外や他人の前ではさほど変わらないんですよ。でもそうやって自分の本心を隠すほど、うっぷんがたまるんでしょう。それを発散するのが僕ら家族の前でした」

酒はもっぱら日本酒、一升瓶から大ぶりの湯飲み茶碗になみなみと注いでは飲み進める。酔うほどに出てくるのが周囲への愚痴と悪口だ。近所や職場の人をこき下ろす反面、自分のことは自慢したり、大ぼらを吹いたりと無茶苦茶な話がつづいた。

黙って聞いていると、「なんとか言え」、「俺の話を真面目に聞け」と怒鳴り散らす。といって返答すれば「生意気言ってんじゃねぇ」と目を剝き、雅也さんや母親に襲いかかってくる。

一事が万事この調子、何をどうしようとも一旦火がついた父の怒りは易々とは収まらない。そんな中、ひときわ雅也さんを震え上がらせたのが自身の外見や性格に関わるものだった。

体格は父に似て小柄、しかも痩せていた彼は、「飯はちゃんと食ってるのか？」などと言われる。「食べてる」と答えれば、「食ってるくせに、なんだ、その棒切れみたいな体は？」、「こんなヤツに食わせても無駄メシだ、もう食うな」と罵られる。母親似の優しい面立ちも父に言わせると「気持ち悪い顔」で、これまた殴られる理由になった。

さらに父は、雅也さんの気弱な性格を「鍛える」という名目でさまざまなことを強いた。腕立て伏せを百回やれとか、ウサギ跳びを一時間つづけるとか、野球のバットで素振り千回とか、気分次第の思いつきで命じてくる。

いずれにしても一〇歳ほどの子どもにできることではないから、どうがんばろうが途中で力尽きてしまう。すると今度は、「根性がない」ことを理由に正座をするよう命じられる。座敷の隅、廊下、土間、物置、戸外、どこでも父が指定した場所で正座をしなくてはならない。それは、今思い出してもつらく残酷な仕打ちだったという。

「一度命じられれば、父が『もうよし』と言うまで体勢を崩さず座りつづけなくてはならない。まず困るのがトイレですよ。二、三時間座っていれば尿意をもよおすけれど、立ってトイレには行けないから、ひたすら我慢するしかないんです。でも子どもだから、結局は漏らしてしまってね。それをまた怒られる恐怖と、なんとも言えない惨めさ、あれは忘れられないです」

戸外で正座を命じられると、さらに悲惨だった。夏は全身をやぶ蚊に刺され、激しいかゆみで頭がおかしくなりそうだ。冬は寒さで歯がガチガチと鳴り、髪の毛が凍っていくのがわかる。ときには意識が遠のいて死が間近に迫っていることを感じたが、むしろ「死んだら楽になれる」とさえ思った。

母の葬儀後、妹に渡された念書

父の理不尽な仕打ちは雅也さんの心身を深く傷つけたが、問題はそれだけで終わらなかった。どれほど暴力にさらされても、母が助けてくれることはめったにない。母自身も父に殴られていたから仕方のないことかもしれないし、貧しい農家の嫁という立場では耐え忍ぶしかなかったのだろう。

だが、痛めつけられ蔑まれる日々に「味方がいない」という現実は、次第に雅也さんを卑屈にさせた。父への嫌悪感だけでなく母にも失望していたが、だからといって歯向かうこともできない。行き場のない感情を妹にぶつけ、周囲に見つからないようお腹を殴ったり、太ももを蹴ったりした。

「弱い者がより弱い者をいじめる構図ですかね。ただ、当時の子ども社会ってガキ大将みたいなヤツが年下の子をいじめるとかってふつうにあったから、実はあまり罪悪感を持っていなかった。妹は僕と違って父の暴力をあまり受けていなかったし、それが『えこひいき』だと許せない思いもありました」

妹は雅也さんを避けるようになり、兄妹の希薄な関係はその後もずっとつづいた。それぞれが家庭を持ってからも、冠婚葬祭など最低限の親戚づきあい以外は交流していない。

雅也さん自身は、両親や妹と疎遠でも特に不都合を感じてこなかったという。実家からほど近い街に暮らす妹はときどき両親と会っていた様子だし、母の闘病中も任せきりだった。今まで自分抜きでも大丈夫だったからこれからも問題ないだろう、そんな解釈で父の今後や実家の行く末は妹に頼るつもりでいた。

ところが母の葬儀後、妹から積年の恨みをぶつけられた。いい加減に長男の責任を負ってくれ、自分だけ楽をするな、今後は一切の関わりを拒むと突き放されてしまう。

激しい口調で罵られ、痛いところを突かれて黙り込むと、妹はおもむろに一枚の紙を取り出した。そこには「念書」の文字と、「私は沢田家に関するすべての相続を放棄します」という文字が書かれていた。
「母が亡くなり、父の老いに直面した今になって、一番近い身内の妹から愛想をつかされた。甘く考えていたけど、埋めようもない溝ができていたんだと痛感しましたね。身から出た錆ではありますが、じゃあその分を自分の家族に頼れるかと言えば、こっちも本当にむずかしい。妻と不仲になった原因はいろいろですが、そのうちのひとつは実家絡みなんです」

東京のサラリーマン家庭に育った妻とは、二〇代前半のときに職場の同僚を介して知り合った。ちょうどバブル経済の最中、当時はガソリンスタンドで働いていた雅也さんは無理して買ったスポーツカーでドライブに誘い、海辺のレストランで食事をするなど、精一杯の見栄を張ったという。

父の酒乱、母や妹との確執は結婚前からそれとなく伝えていた。それでも都会っ子の妻はかえって興味をそそられたように、「波乱万丈だねぇ、ドラマみたい」と屈託ない。若さ特有の勢いに任せてか、あるいは確かな愛情があったのか、進んで雅也さんと結婚してくれた。

ところが実際に家庭を持てば、ドラマとは違った現実が訪れる。息子が生まれ、両親や地元の親戚に「孫のお披露目」をするころには、妻の態度も変わりはじめた。子どもが成長するにつれ妻は自分の実家への依存を深め、反対に雅也さんの実家とは物理的にも精神的にも距離を置くようになった。田舎のしきたりに親戚づきあい、田植えや墓参り、お盆と正月の帰省も敬遠し、いわゆる長男の嫁らしいことはほとんどしていない。

当の長男である雅也さんがそうなのだから無理もない話だが、互いの親を比較されたり、育ちを見下されたりして、何度も夫婦ゲンカの火種になった。そんな妻を今さら頼りにできるはずもなく、気づけば老いた父と関わるのは自分しかいないのだ。

叔父夫婦は「これ以上の厄介事はご免だよ」

母亡きあと、雅也さんは何度か実家へ行き、父との話し合いを試みている。「体の具合はどう?」、「これからひとりで大丈夫か?」、さりげなく話しかけても、父は顔を真横に向けたまま目も合わせない。母に関連する各種の手続きを進めるため、預金通帳や年金手帳の在りかを尋ねると、ムスッと黙り込んでビールを飲みはじめてしまう。

大音量でテレビをつけ、寝転がりながら缶を空けていく父を横にして、仕方なく汚れた部屋の片付けをはじめれば「さわるな！　帰れ！」。入れ歯をなくしたのか、前歯のない口で怒鳴る父に老いの惨めさを覚えつつも、変わらないその姿勢が情けなくてたまらない。

「年寄りなんてそういうもんだと割り切ればいいんでしょうが、むずかしい。むしろ、ここまできて何やってんだ、ちょっとくらい反省しろよ、と爆発しそうになる。こいつはもう救いようがない、正直早く死んでくれとも思うんです」

なんとか父と向き合おうにもらちが明かず、やむなく雅也さんは近くに住む叔父を訪ねた。養豚業で成功し、今は悠々自適の老後を送る叔父夫婦は、ときどき食事を届けるなど何かと父を気遣ってくれる。

田舎ならではの厚い人情で力を貸してくれるだろう、そう目論んで相談を持ち掛けたが、返ってきたのは予想外の手厳しい言葉だった。

「息子なんだから面倒見なさいよ。今まで何の親孝行もしてないじゃないか」

「墓守ひとつ満足にしないで、よくも平気でいられたもんだ」

「うちに甘えるのもいい加減にしてくれ。これ以上の厄介事はご免だよ」

よくよく聞けば、何年も前から父の言動には辟易していたという。それでも手を貸してきたのは親戚としての義理と情けだったが、本来それは息子の役目ではないか、というのだ。

シビアな説教をされた上、逆に叔父夫婦の話が止まらない。持病や薬の話、子どもや孫への不満、近所の空き家や空き店舗、次から次へと出る話題はどれも愚痴交じりだ。

一見悠々自適に思える叔父夫婦でも一皮むけば自分たちの暮らしに手一杯、そんな状況を察した雅也さんは「介護施設」の話を振ってみた。日常生活もおぼつかない父をひとりにしておくよりも、どこかで世話をしてもらおうか。近所の人が入っている施設なら父も心強いだろうし、自分も安心だ。

そんな話にてっきり賛同されるかと思ったが、叔父夫婦からはまたも厳しい声が上がった。「おまえの親父みたいな酒乱の年寄りを引き受ける施設なんて、このあたりにはないよ」と言われたのだ。

「内心、父のことは体よく見捨てるつもりで、どこか適当な施設に入れるしかないと考えていたんです。もちろん費用のことや入所待ちの心配はしましたが、肝心の父の人間性を忘れていた。叔父たちに『酒乱の年寄り』と言われ、あらためてハッとしましたよ。本当に施設に入れないのかを確かめたわけじゃないけど、散々暴力をふるってきたような人間を受け入れてくれるところがあるのか……。仮にあったとしても、本人が入所を拒めばどうにもならないでしょうしね」

考えれば考えるほど憂鬱になる、雅也さんはそう言って肩を落とした。暗い過去だけでも重いのに、ふと気づけば今の孤独が身に染みる。父とは一向に歩み寄れず、身近な家族の協力さえ得られそうにない。

それでも不安を振り払いたいのか、頭頂部をゴシゴシと掻きむしる。自分に言い聞かせるように「なんとかするしかないですよねぇ……」とつぶやき、ぎこちない笑顔を作ってみせた。

地域で進む過疎化と高齢化の影響

正確には雅也さんはまだ介護をしていない。父の生活を不安視するが、話し合いさえままならず先へと進めない状況だ。社会福祉に詳しい淑徳大学の結城康博教授は、こうした親子関係を「よくあるケース」だと話す。

「親があきらかな介護状態になる前、少し認知機能が落ちてきたとか、ひとりでは生活が維持できなくなっているとか、実はその段階がむずかしいんです。子どもは親を心配し、支援や介護につなげたくても、親のほうにはそこまでの自覚がない。いくら説得しようとしてもうまくいかず、かえって親子関係が膠着化してしまうんです」

認知機能が低下しはじめるとゴミの収集日を忘れたり、外出先で道に迷ったり、金銭管理がうまくできなくなったりする。家族や他人が見れば「危ない」、「介護が必要では」と感じるかもしれないが、当人はそこまでの自覚を持てないという。

たとえば収集日にゴミが捨てられなくなっても、「忘れて捨てられなかった」のか、「面倒だから捨てなかった」のか、「まとめて捨てようと思った」のか、さまざまな解釈が成り立つ。子どもが「収集日を忘れるなんて認知症になったんじゃないか？」と言っても、親は「まとめて捨てるつもりだった。俺をバカにするな」などと怒り出し、話し合いどころか険悪な空気になりかねない。

雅也さんのケースのように、相手が毒親であればなおさら話が通じにくい。良かれと思う提案でも断固拒否されたり、善意を悪意に解釈されたりして、問題が複雑化することもある。さらに結城教授は、「地域の見守り力の低下」も指摘する。

「都会に住んでいる子どもが地方の親のことを案じる際、地域の力を借りようと考える場合が多いんです。特に田舎では近所や親戚づきあいがあるから、周囲に頼めばなんとかなるんじゃないかと思ってしまう。でも、肝心の地域が過疎化や高齢化している現実を忘れていないでしょうか。地域の助け合いとか見守り力なんて言うけれど、その地域に住んでいるのが高齢者ばかりだったら、誰もが病気や介護の問題を抱えていたっておかしくないですよ」

実際、雅也さんの叔父夫婦も自分たちの暮らしに手一杯の様子だ。仮に近所や親戚の協力が得られたとしても、個人情報に関わることや金銭的なことには介入しにくい。たとえば高齢者が入院中、近所の人が預金通帳を預かって各種の支払いができるかというと現実的にはむずかしい。いくら親しくても近所の人はあくまでも他人であり、場合によってはその人自身が実は認知症ということもあり得る。

「自分で自分の生活を維持することを『自助』、地域や人とのつながりで助け合うことを『互助』と言います。確かにそれも大事ですが最終的には『公助』、つまり公的な支援でないと解決できない部分がある。行政の窓口や公的な介護サービスにつなげることで選択肢も増えます」

結城教授はそう話すが、前述したように国の方針として介護施設の抑制が見込まれ、「在宅介護」が推進されている。また、雅也さんのようにそもそも介護に至っていない、公的支援につなげる前段階でつまずいてしまうケースもあるだろう。さらに「酒乱」や

めたことで思わぬ苦悩に直面した女性の例だ。

「暴力的」などの個人的な事情がある場合、どんな機関に相談すればいいのだろうか。

一連の情報は第6章で取り上げることとし、次に紹介するのは、母との同居生活をはじめたことで思わぬ苦悩に直面した女性の例だ。

百歳まで元気で活躍できるんじゃないか

午後一時、ダイニングテーブルで昼食をとっていた森下早智子さん（五三歳）は、「これ、いいわねぇ」とつぶやく母の声に顔を上げた。すでに食事を終え、テーブル脇のリクライニングチェアに陣取ったその視線が、大型テレビに注がれている。

「八〇歳からでも入れる保険！　持病があっても大丈夫！」――高齢者向け医療保険のCMにうんうんと頷きながら、今度は妙に弾んだ声で言う。

「これなら私にピッタリじゃない。保険料も一生変わらないんだって」

母はちょうど八〇歳、一年前に軽い脳梗塞で一週間ほど入院した。後遺症はないが定期的に通院し、毎日数種類の薬を服用している。なるほど「ピッタリ」には違いないが、早智子さんは慌てて声をかけた。年のせいか最近の母はその場の勢いで行動し、あとになってから騒ぎ立てるのが常なのだ。

「お母さん、そういうのもいいだろうけど、申し込みにはいろいろ書類を書いたりする手間も必要じゃない？　わざわざ新しい保険に入らなくても、ふつうの治療費くらいだったら貯金で賄え……」

言葉が終わらないうちに、母は「ほら、メモ、メモ」と早口をぶつけてくる。テレビ画面に表示された申し込み専用フリーダイヤルの番号をメモしろ、ということだ。早智子さんが取り急ぎ番号を控えると、今度は「スマホ、スマホ」と手を伸ばしてきた。テーブルの上に置かれた自分専用のスマホを渡してくれ、との意思表示。娘の意見など聞く耳を持たず、すでにやる気満々の様子だ。

早智子さんはスマホを手渡すと食べかけの昼食を片付け、隣のキッチンへと向かった。母に背を向けて洗い物をはじめたが、流水音より大きく隣室の声が響いてくる。

「私なんかもうすっかりおばあちゃんよぉ。でもね、流行りのものとかね、いろいろ興味があるんですよ。今もスマホで電話してるんだけど、インターネットとか、ああいうのも楽しいわよねぇ」

早速フリーダイヤルに電話し、コールセンターの人を相手にしゃべっているのだろう。おそらく「声がお若いですね」とかなんとか言われ、舞い上がっているに違いない。

ひとしきり会話を終えると、母はもったいぶったような足取りでキッチンへとやってきた。ピンク色のマニキュアが塗られた指で手元のメモ用紙を指し示す。そこには保険料の数字とともに「特約」、「差額ベッド」、「百歳」などの走り書きがあった。

「保険会社の人に言われちゃったわ。私みたいな人は百歳まで元気で活躍できるんじゃないですかって。毎日、いろんな人から電話を受けてるけど、そんな中でも断然ハキハキしていて、きっとお若いころからご立派でいらしたんですねぇ、ですって。やっぱり電話だけでもわかるもんなのね、人柄って」

お世辞を言われていい気分になったのか、それともいつもの自己アピールなのか、いずれにせよ母のハイテンションが波のように押し寄せてくる。その熱を浴びながら、早智子さんは思わず背中に冷たいものが走った。

この人は、まだまだ生きる気満々なんだ。あと一〇年、いやもしかしたら二〇年、こんな生活がつづくのかもしれない。そう思った途端、真綿で首を絞められるような苦しさに包まれた。

母に資金援助を持ち掛けられて

「母が毒親かって聞かれたら、すごく答えがむずかしい……」

早智子さんは言葉を探すように、困惑した笑みを浮かべた。ブルーのサマーニットに淡水パールのネックレス姿、五〇代女性らしい落ち着きと優しげな雰囲気を漂わせる。

四年前まで小学生向けの学習塾でパートの講師をしていた。仕事は楽しくやりがいがあったが、更年期障害で不調がつづき、やむなく退職することになった。そのタイミングを見計らったかのように、母からある提案を持ち掛けられた。

「父が七〇歳で他界したあと、母は都内の実家で一人暮らしをしていました。昔ながらの庭付き戸建てでしたが、築四〇年以上で老朽化が進み、思い切って手放したいと言ってきたんです」

実家はインテリア関連会社の役員だった父が建てたもので、窓にはステンドグラスの装飾があるなど凝った造りになっていた。その父が亡くなってからは母の持ち家だったが、掃除や管理が大変だとか、固定資産税が高いとか、しばしば愚痴をこぼしていた。そんな経緯を考えれば「手放したい」こと自体は自然の流れだったが、さらに思わぬ話が加わった。「同居しよう」というのだ。

当時、早智子さんは一家四人でさいたま市郊外に住んでいた。夫は都内の食品メーカーに勤めるサラリーマン、二人の娘は大学生と高校生。自宅は三ＬＤＫのマンションだったが、一〇代後半の娘たちがいれば何かと手狭だ。最寄り駅からバスで一五分と立地もいいとは言えず、「広くて便利な家に住みたい」と思うこともしばしばだった。

そんな気持ちを見透かすように、母はおもむろに「お金」の話を持ち出した。自分が資金援助をするから、広くて便利な家を買おうという。

「長年の貯金と父の遺産だけでも、母はかなりの額のお金を持っていました。加えて実家を売れば、『億の単位よ』と言うんです。それに比べて我が家は、ローンや教育費で出費がかさむ。夫の給料は上がらず、私は仕事を辞めて家計は赤字寸前でした。いやらしい話ですが、正直母のお金に釣られたんです」

幼いころからの「兄妹差別」

さらに早智子さんを揺さぶったのが、「あっちの世話にはなりたくない」という母の言葉だった。「あっち」とは兵庫県に住む兄一家を指す。

三歳年上の兄は公務員で、妻と二人の子どもがいる。家族構成は同じだが生活レベルはかなり違い、早智子さんからすれば「贅沢」と思える暮らしぶりだった。収入に見合わない生活の背後には母がおり、さまざまな名目で兄を援助していた。

「なぜそんな事情を知っているかと言えば、母が私相手に兄の話をしてきたからです。新車の頭金を出してやったとか、子どもの留学費用を用立ててたとか、何かにつけて聞かされてきました。兄ばかり援助する母に不満はありましたが、昔からずっと兄妹差別をされていたので、半ばあきらめてましたね。ただ、私が許せなかったのは兄夫婦の態度です。あれこれ助けてもらっているのに、感謝の気持ちが全然見えなかったから」

幼いころからの「兄妹差別」について、早智子さんには忘れられない思い出があるという。小学生のとき、家庭訪問に来た担任教師に母は真顔でこう言った。

「息子は素直で優しくて、無条件にかわいいんです。でも娘とは合わなくて、なんだか癇に障るというか、あまりかわいいとは思えません」

それくらい差をつけられていた兄妹だから、長男重視、跡取り息子優遇へのあきらめがなかったわけでもない。ところが当の兄は親孝行らしいことをまったくせず、母からの援助があるときだけ見え透いたご機嫌取りをするくらいだ。もともと母との折り合いが悪い兄嫁に至っては、お礼の電話一本さえかけてこなかった。

あまりに恩知らずな兄夫婦と、体よく利用されながら兄との関係を断ち切れない母。双方に不満を募らせていた早智子さんにしてみれば、「あっちの世話にはなりたくない」という母の言葉は願ってもないことだ。

ようやく兄に勝てたような優越感、母には私しかいないという責任感、そんな気持ちで高揚した。

母が繰り出す「マイルール」

今にして思えば、あのときの母の言葉は「悪魔のささやきだった」、そう早智子さんは嘆息する。一緒に暮らす、その選択の過ちに気づけず、ましてや母が毒親とは思えなかった。

同居話が持ち上がった一年後、早智子さん家族と母は東京都豊島区内の高層マンションで暮らしはじめた。

「日当たりがいいわねぇ」、母は自分用の居室でにこやかに言い、一新した家具やベッドに囲まれてご満悦だ。更年期障害に悩んでいた早智子さんも体調が回復し、あらたな生活は順調にスタートしたかに思えた。

だが、亀裂はほどなく訪れる。家事の進め方や買い物の内容、日々の生活ぶりに母が干渉するのだ。たとえば料理は早智子さんの担当だが、最新のシステムキッチンに不慣れだったり、家族それぞれの好みが違ったりして、つい時間がかかってしまう。そんな早智子さんの様子に、母は身を乗り出して皮肉っぽい声を上げてくる。

「主婦のくせに手際が悪いねぇ」

「あらやだ、そんなにしょうゆを足したら味が濃くなるんじゃない？」

「なんだってこの盛り付けのヘタなこと。せっかくの料理もまずそうに見えちゃうわ」

お目付け役にでもなったつもりか、それとも自分の主婦力を見せつけたいのか、次々に口を出されるからたまらない。「じゃあ自分でやれば？」、早智子さんがつっけんどんに返すと、「せっかく教えてあげようと思ったのに……」。今度は一転、目に涙を浮かべてひどく傷ついた顔をする。善意の押し売りは厄介だが、その上被害者ぶられてはますますやりにくい。

母が繰り出す「マイルール」にも閉口した。「日光を浴びて脳を活性化させる」となれば、早朝からベランダに出て陽に当たり、「ラーララー」と歌まで口ずさむ。早智子さんにすればおちおち寝ていられないだけでなく、家族みんなにしつこく勧めるから困ってしまう。やんわり断ると、今度は別のルールを持ち出して一家を仕切ろうとする。

「一番嫌だったのが娘たちを批判されることです。今、長女は社会人、次女は大学生になりましたが、二人とも今どきの若い子特有の苦労をしている。長時間働いたり、就活に必死だったり、私から見るとすごくがんばっているんです。でも母は、『たいした仕事でもないくせに』とか、『彼氏もいないなんて情けない』とか、平気で言う。そういう時代じゃないのよ、といくら説明しても通じないし、結局私の育て方が悪いと責められるんです」

そうして自分を引き合いに出す。好きだったデパートめぐり、趣味の生け花や観劇、夫婦で出かけた国内外の旅の思い出。ひとしきり過去の栄光を語っては、「私は夫にも子どもにも、お金にも恵まれた」、いかにも勝ち誇って言うのだ。

隠された毒針をようやく知った

そんな母と過ごすうち、早智子さんは心の奥の留め金がはずれ、子ども時代のもやもやした記憶が蘇った。今さら蒸し返すのもおとなげない、そう思いながらも兄との間にあった差がくやしく、なんとも惨めな気分になってしまう。

「半世紀近くも前の話だから、男尊女卑とか、跡継ぎ息子が溺愛されるのは仕方のない時代だったでしょう。でも母の場合は、どう考えても私にだけ意地悪でした。本人はそんな意識はなかったかもしれないし、私も母に嫌われているとは思いたくなかった。むしろ母に喜んでもらいたい、認めてほしいとがんばったんです。それなのになぜか突き放され、冷たい態度を取られるんです」

兄には「無条件にかわいい」というアドバンテージがある。その差を埋めるには兄よりもっといい子になるしかない、早智子さんは幼いなりにそう考え、努力したという。勉強やスポーツだけでなく、率先して家の手伝いをし、母の話し相手になり、ほしいものや贅沢品は我慢した。

そうしてテストで好成績を取っても、母は「この程度で喜ぶなんて甘いわよ」とにべもない。「いい気になるんじゃないよ、学校のテストくらいで」、「女の子なんて、なまじ頭がいいとかわいげがなくなるんだからほどほどでいいのに」、そんなふうに冷水を浴びせられる。

とりわけ暗い記憶として残るのは中学二年生のとき、同じクラスの男子生徒から手紙をもらった一件だ。もしかしたらラブレターかもしれないと胸が高鳴ったが、はじめての出来事に戸惑いもあり、すぐには開封せずに一旦自室の机の引き出しにしまった。

その夜、母は怒りを露わにして早智子さんの部屋へとやってきた。手には便せんが握られ、書かれた文字をこれ見よがしに大声で読み上げる。いつの間にか無断で開封されていたのは確かにラブレターだったが、母の剣幕に喜びなど木っ端みじんに吹き飛んだ。

ショックを覚えながらも「勝手に手紙を読むなんてひどい」と抗議すると、母は汚いものでも見るような目で言い放った。

「年頃だから心配するのはあたりまえよ。それとも親に隠したい、おかしなことでもやってるの？」

その週末、来るはずだった早智子さんの生理がいつもより遅れると、母は「産婦人科に連れていく」とますます息巻いた。

「まさかと思うけど、変なことになったら、恥ずかしくて一家心中するしかないわよ」

「親を裏切るような真似をしたなら正直に言いなさい」

ヒステリックに詰問されたのは、よりによって家族がそろう夕食の場だった。父は困惑しきった顔で目を泳がせ、高校生になっていた兄はニヤニヤしながら事の成り行きに興味津々だ。まるで見せしめのように責められて、早智子さんが涙ながらに「清廉潔白」を訴えると、母は勝ち誇ったようにこう言った。

「そう。ラブレターをもらった男の子とは個人的なつきあいはしていないし、おかしなこともやってないって言うのね。わかったわ、早智子のこと信じてあげる。だってよくよく考えたら早智子は勉強もできるし、男の子なんか負かしちゃうくらい強いし、あんまり人から好かれるタイプじゃないものね。そういう女の子とおかしなことをしたい男の子なんていないわよね」

そう思うでしょ？　とつづけながら、母は父や兄にも同意を求めた。いわゆる「ほめ殺し」なのか、一見早智子さんを持ち上げながら巧妙につぶそうとする。

あれが本性とは思いたくない。それでも数十年のときを経て、早智子さんは母の隠し持つ毒針をようやく知った気がした。

夫は当たらずさわらずの傍観者

「母が脳梗塞になったとき、私は『チャンス』だと思いました。亡くなれば解放されるし、助かっても障害が残ればそれを口実に施設に入れられる。でも、世の中うまくいかないですね。母はすっかり元気を取り戻して、逆に私のほうがどんどんダメになってます」

更年期障害がぶり返したのか、それとも日々のストレスからか、体は重く頭が働かない。

吐き気やめまいに襲われて寝込んでいると、母がいそいそと枕元にやってくる。

「まだ若いのに、だらしないわねぇ」

「私は脳梗塞でもビクともしなかったんだから、早智子もがんばりなさいよ」

落ち込む早智子さんを尻目に、なぜだか母は嬉々として「ほら、見てごらん」。イッチ、ニィ、サン、シィ……、しわの寄った手足を伸ばしてラジオ体操をしてみせる。

先日は母がネットで注文したという美顔器が届いた。自分の居室で使うのかと思いきや、洗面所に置いて「共用にしよう」と言う。

「肌がきれいだと一〇歳は若く見えるっていうし、やっぱり日頃のお手入れは大事よね。高級美顔器だから結構なお値段だったけど、早智子と一緒に使うと思えば、まぁ安いとも言えるわ。あなたも顔が明るくなれば、体だって元気になるでしょ」

嬉々として取り扱い説明書を読み上げる母を前に、早智子さんは言葉に窮した。母なりの善意、励ましであることはよくわかる。だが、母の顔と自分の顔に同じ機械を当てることは生理的に気持ち悪い。美顔器を通じて母の毒気が伝わってきそうで、早智子さんはおずおずと「遠慮」を伝えた。

「いいわよ、早智子が使いたくないなら別に使わなくたって。でも、いったい何を目指して生きてるの？　仕事はしてない、体がつらいからって家事も手抜き、子育ても終わってるのにヒマつぶしばかりの毎日じゃないの。私は早智子のことを思って心配してあげてるのに、肝心の自分はちゃんと考えてるのかしら？　あなたは私の娘なんだから、もっとがんばってもらわないと困るのよ」

ぐうの音も出ないほどの勢いでまくしたてると、母は何事もなかったように洗面所に美顔器を置いた。早智子さんに代わって娘たちに利用を勧め、「はい。これはおばあちゃんからのプレゼント。もっときれいになってね」と柔和な笑みを見せるのだ。

「おばあちゃん、ナイス。ありがとう」、「ああそうだ、今月のお小遣いがピンチなんだけど、ちょっと援助してほしいなぁ」、屈託ない娘たちはご機嫌取りに肩もみなどして、早智子さんよりはるかにうまく立ち回っている。

夫は当たらずさわらずの傍観者のよう、女家族の中の男ひとりのせいか「圏外」にいてほとんど関わらない。早智子さんの母へのわだかまりは聞いてくれるが、たいてい「気にしすぎだよ」とか、「いい加減にしろ、くどいぞ」と一蹴されてしまう。

「虐待のニュースとか見るとね、ああいうのが毒親だと思うんです。私は母に暴力を振るわれたこともないし、それどころかちゃんと育てられてきた。今の暮らしは母のお陰でもあるんだし、感謝するのがあたりまえかなって……」

自分を納得させるように何度かうなずくと、早智子さんは小さくかぶりを振った。

「でも苦しいんです。よくわからないけど、どうしても苦しい。ただね、そういう自分が情けなくも思えます。恵まれているのに悩むなんて、結局自分が甘えているんじゃないかって。私より苦労している人、親の介護で大変な思いをしてる人はゴマンといるのに、なんでこの程度のことで悩んでいるのか、自分で自分がイヤになります」

ときどき、母より先に死んだほうがいいかな、と考える。母には永遠に勝てそうにないし、一緒に暮らすほど憎んでしまいそうだ。更年期障害特有の落ち込みのせいかもしれないが、母に日々「生き血を吸われている」ような恐ろしい感覚さえする。

それでも世間では、高齢の母と同居する孝行娘、そんなふうに映るのだろう。夫や娘たちも「おばあちゃんの世話はお母さんの役目」と信じて疑わず、早智子さんの不安や葛藤など眼中にない。

なにより母は、娘の奉仕や献身、努力を求めつづけるに違いない。「あなたは私の娘なんだから、もっとがんばってもらわないと」、そんな言葉が耳の奥で繰り返され、ますます苦しさが募っていく。

「例の高齢者向け医療保険ね、母は結局入ったんですけど、そのあとで私に『これで百歳までのお守りができたよ』って言いました。まるで当然のように百歳と言える、生への貪欲さというか執着というか、ああいうパワーはどうしても理解できません」

「非力」を演出して家族の関心を集める

果たして自分の親は毒親なのか、早智子さんに限らず自問する人は多いだろう。子どもを育て上げ、協力を惜しまず、長寿のために摂生するような親との関わりを、なぜ「苦しい」と感じるのだろうか。

母娘問題の第一人者で、臨床心理士の信田さよ子・原宿カウンセリングセンター所長は次のように解説する。

「この事例のお母さん、気力、体力、財力がそろい、それを動力に変える『ハイブリッドばあちゃん』ですね。母親自身は無自覚ですが、内心では娘の不幸は蜜の味、自分より幸せになるのが許せない。高齢になるにつれ、立場を逆転させまいとよりハイパワーになる人も多いですよ」

信田さんのもとには以前から母娘関係に悩む女性が数多く訪れていたが、ここ最近の傾向が介護をめぐる問題だという。特に目立つのは、母の介護や世話をする団塊世代の女性たち。親の病気や認知症などがきっかけで同居をはじめたり、実家通いをしたりするうちに、それまで自覚していなかった母への感情が表面化する。信田さんは「介護というのは家族関係がむき出しになるんです」と言う。

「親のほうは自分がいつ死ぬかわからないから必死で自己主張し、存在感をアピールする。わがままや自分勝手にも見えるし、やたら強力だったりするのは、残されたパワーにしがみついてエンジン全開になってるからです。一方の子どもは、老いた親の面倒をみるつもりが気づけば振りまわされ、従属させられているんです」

なぜこうまで振りまわされるのか、そんな思いから自分と母との関係を顧みたとき、それまで信じてきたことが崩れる子どもも多いという。「母の愛だ」と思っていた数々が、実は「母の支配だ」と気づいて怖くなる。信田さんのカウンセリングを受ける女性の中には、母が入所する介護施設の面会日が近づくと体調を崩す人や、実家通いのストレスから寝込んでしまう人がいる。

「老いた母のことが怖いという女性は少なくありません。だったら介護なんかしなければいいじゃないか、と言われるかもしれませんが、現実はそう簡単ではないんです。まず親への期待、それから罪悪感を捨てられない人もたくさんいます」

これだけ世話をしているのだから感謝してくれるはずだ。もう少ししたらがんばりを認めてくれるだろう。あきらめや失望を感じつつ、期待を捨てられない娘は、母との関係を決定的に壊せない。

自分が見捨てれば母はどうなるのだろう。母にもいいところはいっぱいあるのに感謝できない自分が悪い。そんな罪悪感から介護を担い、あるいは介護から逃げられない人も多いという。とはいえ信田さんによると、こうした罪悪感も「母がそう仕向けている」というから厄介だ。

「親の支配とか、親が怖いというと、暴力的なことをイメージする人が多いですよね。確かにそういう親もいるけれど、母娘関係ではもっと巧妙で狡猾なんです。たとえば年老いた母親から、お願いだから助けてとか、あなたしか頼れないなんて言われたとき、それを無視すると自分のほうが悪者のような気分になりますよね？　そんなふうに自分の弱さを訴えて子どもに罪悪感を植え付け、意のままに操ろうとする母親もいるんです」

この手の母親は単に力を誇示するだけではない。甘えや泣き落とし、すねたり情緒不安定になったりして実力を行使する。暴力的、高圧的な態度を取ることなく、むしろ「非力」を演出して家族の関心を集め、この人のために何かしてあげなくては、そう思わせるという。

弱さ、非力、これらは高齢になった毒親とその子どもとの関係性において重要な切り口だ。親の体力や生活力、認知機能などが弱まれば、当然介護の可能性も高まる。老いた親が経済的に困窮し、非力なパラサイトになって子どもに依存してくるかもしれない。すぐに泣いたり拗ねたりするような幼稚な親、責任転嫁や現実逃避ばかりする親、そんな人たちに「老い」が加われば、さらに子どもを振りまわすこともあるだろう。

そして実際、こうした現実に苦悩を深める人がいる。次章では子どものころから「親の親代わり」となって生活を支え、今なお多くの問題を背負う人たちの実態を報告しよう。

第2章　「かわいそうな親」に振りまわされる人たち

「この親子おかしいんじゃないか」

入浴を終えパジャマ姿になった母は、洗面所に置かれたパイプ椅子に座るとおもむろに口を開けた。「アーン」というように開いたその口に指を差し入れ、田島康代さん（六〇歳）は入れ歯をはずす。八四歳になる母が一日使った入れ歯からは、どこかすえたような臭いがする。歯ブラシと流水できれいに磨き、仕上げに専用の洗浄液に浸した。

つづいて湿らせたガーゼで母の口内をきれいにする。コップに入れた水を手渡して口の中をすすいでもらったら、今度はタオルとリップクリームの出番だ。濡れたくちびるをタオルで優しく拭うと、乾燥防止のためにリップクリームを塗る。

就寝前の「お約束」を終えて満足げな表情の母を寝室のベッドに寝かせると、康代さんは肩をもみながらリビングルームへ入った。パンパンに張って、所々石のように硬くなった肩に、還暦を迎えた自身の年齢と日々の疲れを感じる。ふぅっと小さな息を吐いてソファーに座ると、目の前の妹（五〇歳）が待ってましたとばかりに口を開いた。

「おかしいんじゃない？」

開口一番の言葉の意味がわからず、康代さんは「えっ？」と聞き返した。

「だからおかしいって。異常だよ。自分で気づいてないの？」

思春期の子どもを説教するような口調の妹は、一〇歳も年上の康代さんを見ながらこうまくしたてた。

——入れ歯を素手で扱うなんて、よくできるよね。いくら親子だからって、私には気持ち悪くて絶対無理。自分が使った入れ歯くらい、自分ではずして洗うのがふつうでしょ？それに何？ご丁寧にリップクリームまで塗ってやるなんてバカみたい。手が動くんだもの、なんでも自分でやらせなくちゃどんどん衰えてほんとにできなくなっちゃうよ。洗面所の様子、ちょっと覗いて見ただけでもお姉ちゃんまるで召使いだわ。なんでもお母さんの言いなりで、お母さんのほうもそれを当然みたいにこき使ってる。ずっと一緒に暮らしてきたお母さんとお姉ちゃんにはそれがふつうなのかもしれないけど、外の人間が見たら異常。この親子おかしいんじゃないかって思われるよ、きっと——。

ひとしきりぶちあげた妹は、「それにしても暑いね、この部屋。室温何度？」とエアコンに目をやった。夏は二八度、冬なら二三度、母の好みに合わせた室温設定が、お盆の最中に訪ねてきた妹には暑すぎるらしい。

とはいえ「お母さんは二八度が好きだから」などと言ったら、妹の剣幕にはなお火がつきそうだ。康代さんは無言でリモコンを操作すると室温を下げたが、明日からの三日間を思うとつい気持ちが暗くなった。

専業主婦の康代さんは、夫（六二歳）と実母との三人で埼玉県内に暮らしている。自宅は実家を取り壊した跡地に建てたもの、生まれて以来ずっと同じ場所で生きてきて、それは母と一緒に暮らした時間でもある。

一方、家族とともに関西地方で暮らす妹は事務職としてフルタイムで働いている。ここ数年は仕事の忙しさと子どもの受験や就活を理由に、帰省はおろかほとんど電話もよこさなかった。それがお盆の休暇を利用して、三泊四日の予定で滞在することになった。母の今後をどうするか、姉妹で相談するためだ。

母は五年ほど前から加齢性難聴で耳が遠い。年相応に血圧が高く、同じ話を繰り返したり、固有名詞が出てこないなどの物忘れもある。足腰も弱くなって自力で階段を上り下りできない。浴槽をまたいだり、立ったまま靴を履いたりするような日常の動作もむずかしくなってきた。

同居する夫からは「年も年だし、介護保険の申請をしたらいいじゃないか」と言われている。康代さんもふとした折に考えたことはあるが、思うばかりで一向に進められなかった。母を説得する自信がない上に、他人に母の世話は無理だろう、そんな気持ちが拭えない。

幸い、耳の不調や軽い物忘れを除けば、母の健康状態は比較的安定している。定期健診のために通う病院では「お年のわりにお元気ですよ」と言われ、実際に食欲も旺盛で一日三食のほかにデザートやおやつもペロリとたいらげる。

テレビや映画のＤＶＤを見るのも好きだ。難聴のせいで大音量が流れることには閉口するが、せっかくの楽しみを止めるのもかわいそうでずっと好きなようにさせてきた。

食べるものに着るもの、見たいテレビ番組からエアコンや風呂の温度まで、康代さんは母の要求にそのまま応えてきた。それはすっかり身についた習性のようであり、娘としての義務のようでもあり、なにより老いた母への献身だと思っている。

けれども妹は、そんな自分に感謝するどころか「異常」だと言う。「おかしい、自分で気づいていないのか」と一方的に責める妹には、母と向き合ってきた長い年月など到底理解できないのだろう。

康代さんは失望を覚えつつ、やっぱり母を世話できるのは私しかいない、そうあらためて思うのだった。

夫が妹に「あの家は息が詰まる」と打ち明けた

「妹を帰省させ、私と話し合うように仕向けたのは主人なんです」

薄紫色のブラウスを着た康代さんは、緊張からか首元のネックレスを無意識にさわりつづける。困惑した表情とやや上ずった声で、ためらいがちに話しはじめた。

郵便局員だった夫は二年前に定年退職した。最近は「長年の夢だった」という理由で、JRの格安キップを利用した旅に出ることが多い。その途中で関西に住む妹を訪ね、姉妹で話し合うよう促した。一見すると母の世話に追われる康代さんを気遣っての行為に思えるが、夫の本意は違った。「あの家は息が詰まる。ずっと我慢してきたけれどもう限界だ」、そう妹に打ち明けたという。

「主人は婿に入り、結婚以来ずっと私の両親と同居してきました。私たち夫婦には長男と次男がいますが、主人は父親として申し分のない人でした。まじめに働いてくれたし、家族仲良く暮らしてきたつもりです。専業主婦だった私が家事や子育てをしっかり務められたのも、主人のおかげだと思っています」

そんな康代さんには、「息が詰まる」という夫の言葉、おまけに自分ではなく妹に伝えられたことはショックだった。とはいえ、夫の本音には相応の心当たりがある。

一二年前に父が亡くなり、その後は二人の息子が就職を機に相次いで家を出た。一家は康代さん夫婦と母の三人暮らしになったが、そのころから夫の様子が変わりはじめた。

職場から帰宅して食事を済ますと、そそくさと席を立つ。かつての子ども部屋を自分用に改造し、ひとりこもって晩酌したりテレビを見たり。康代さんが話しかければ「ああ」とか、「うん」とか返事はするが、会話らしい会話はたいしてない。休日には近所の釣り堀や図書館に出かけて夕方近くまで家を空け、帰宅しても夕食を済ませればいつものように部屋にこもってしまう。

元来おとなしい人だったから、康代さんも深くは気にしなかった。子どもが独立したあとの夫婦なんてどこも似たようなものだろう、そんな気持ちともうひとつ別の事情もあった。何かにつけて母に頼られ、甘えられ、生活の中心に母を置かざるを得なかったのだ。

「父が亡くなり、孫である息子たちも独立して、そのころの母は寂しかったと思います。年齢的な衰えもあったし、私に頼りたくなるのは自然なことでしょうね。ただ、しょっちゅう駄々っ子みたいになっちゃう。これやだ、あれやだ、こうして、ああして、こっちじゃなくてあっち。そんなふうに自分の要求を出すだけ出して、うまくいかないとプイッとすねて全然口をきかない。ときには石像みたいに、その場からテコでも動かなくなるんです」

母の駄々っ子ぶりを表すエピソードは数えきれないほどだというが、たとえば朝食はこんな様子だ。

康代さんがトーストした食パンを出すと、「食べやすく切って」と言われる。一口サイズに切ったパンにバターやジャム、ハチミツなど母の指示するものを塗り、スープやコーヒーなどその日の好みの飲み物を出す。こちらも「熱すぎる」とか、「ぬるい」とか細かな注文があり、気に入らなければ「取り替えて」と言われて余計な手間が増えていく。

母が毎朝欠かさないヨーグルトには、日替わりでフルーツを入れる。バナナ、リンゴ、パイナップル、キーウィ、イチゴ、季節や彩りを考えて選んでいるが母の好き嫌いはコロコロ変わる。今日「おいしかった」と言ったものが明日は「まずい」となり、一旦気に障れば「どうしてこんなものを食べさせるの」、「朝から気分が悪い」と不貞腐れてしまう。

朝食を中断して寝室にこもる母を案じ、康代さんは「お母さん、お腹すかないの？　お昼ご飯は何にしようか？」などと声をかける。すんなり応じてくれるときもあるが、いくら呼びかけても無視されたり、無言でにらみつけられるようなことも少なくない。

「ヘビににらまれたカエルって言いますよね？　あんな感じで私は母の機嫌が悪くなるとすごく怖いんです」

肩をすくめてそう言うが、いったいなぜここまで母の駄々っ子ぶりを受け入れてしまうのか。率直な疑問をぶつけると、康代さんは母娘の過去をぽつぽつと語りはじめた。

感情を逆なですると、何が起きるかわからない

康代さんは信用金庫に勤務していた父と専業主婦の母のもとに育った。色白で小柄だった母はどこかか弱い印象で、実際に「体が弱い」というのが口癖だった。幼いころの康代さんは、「あなたを産んだとき、私は生死の境をさまよった」と何度も聞かされ、「あなたのせいで寿命が縮んだ」、「人並みに働けない体になった」とも言われつづけた。

具体的にどこがどう悪いのか、幼い康代さんには理解できない。それでも鮮明に覚えているのは、母の肩やこめかみにいつもトクホン（湿布薬）が貼られていたこと、「疲れた」と言っては座椅子に背中を預けてラジオを聴いていたことだ。

「昔は今と違って家事には手がかかったでしょ？　買い物だって肉屋に魚屋、八百屋を回るし、食事づくりがまた大変。レトルト食品も電子レンジもなかったから、二、三品のお

かずでも時間がかかりましたよ。洗い物もね、うちには瞬間湯沸かし器はなくて冬でも冷たい水でやるんだから、しもやけやあかぎれができました。そうそう、洗濯も大変だった。洗濯機はもちろん全自動じゃないし、脱水するのに一枚ずつローラーを回して水を絞るの。結構な力が必要で、シーツみたいな大物は本当に大変でした」

日々の暮らしぶりを詳細に語れるのは、康代さんが家事を手伝っていたからだ。「体が弱い」という母を思えば仕方なかったが、単に手伝うだけでは済まなかった。

たとえばご飯のしたくに手間取ると、母はしびれを切らせてイライラしはじめる。といって手を貸すわけではなく、これ見よがしに「はぁーあ」とため息をついたり、荒々しく冷蔵庫の扉を開け閉めしたりする。

「母はラジオが好きだったので、台所仕事をしながらもよく流していたんですね。そのころは時報というのがあって、『六時です』というアナウンサーの声とともにピッピッピッポーンと鳴るの。私がグズグズしていると母は時報の音量を一番大きくして、わざとらしく響かせるんです」

午後六時には夕食ができあがる、それが暗黙のルールだった。時間を過ぎると母は不機嫌を隠さず、「もういい」と低く吐き出す。「もういい」とは「もうご飯のしたくをしなくていい」という意味で、代わりにありあわせのもので食事をとることになる。ご飯に梅干し、たくあん、魚肉ソーセージや味付けのりなど、調理の必要のないものが食卓に並んだ。

当時は高度経済成長期、信金職員の父も仕事熱心なサラリーマンだったが、それでも週の半分は定時に帰宅して一緒に夕食をとった。その父は食卓につくなり、「なんだ、これは？」と梅干しや魚肉ソーセージを一瞥する。夕食にはふさわしくない献立に不満げな顔をする父に、母はすぐさまこう切り返した。

「ごめんなさいね、今日は康代に手伝わせたんですけど、なかなか私の言うことを聞いてくれなくて。でも康代のことを叱らないでやってください。私が代わりにお詫びするから、私に免じて許してやって」

母の言葉は事実を正確に伝えていない。それでも康代さんは反論できず、妙な居心地の悪さを覚えながら黙していた。いつのころからかはわからないが、母の言うことやることに従わなくてはならないような気がしていた。うっかり母の感情を逆なでにすると、二人きりの時間にどんなことが起きるかわからない、そんな怯えもあった。

母は子どもを殴ったり、外に締め出すようなことは決してしない。けれども無言の圧力や不穏な空気、陰湿とも思えるような振る舞いは、事あるごとに康代さんを混乱させた。

どうすれば喜び、何が理由で不機嫌になるのか、母の感情の基準がわからない。だからなるべく顔色を窺って、その場の空気を読み、幼いなりの気配りを身につけた。そんな康代さんは声を潜めて、「こんな話は妹の耳には入れられませんけど……」と言葉をつづけた。

家事に追われて忙しかった少女時代

康代さんが一〇歳のとき、妹が誕生した。ふつうに考えれば喜ばしいことだが、康代さんには別の思い出があるという。母は妊娠がわかったとき「産みたくない」と言い、「無理して産んだら、今度こそ私は死ぬかもしれない」とさめざめ泣いた。

「私はまだ子どもでしたから、母が死んだらどうしようと怖くてたまらず、一緒になって泣きましたよ。そしたら母が『産むか、産まないか、康代が決めて』って言うんです」

本来その選択は、母と父が熟慮の上ですべきだろう。ところが母は、よりによって康代さんに決断を迫ってきた。

母の死を恐れる康代さんは切迫した思いから「産まないで」と言ったが、予想外の言葉が返ってくる。「康代は赤ちゃんを産まないでと言うのね。でもそれは、康代が赤ちゃんを殺すことになるけど、本当にそれでいいの？」、そう告げられたのだ。

「あのときの衝撃は忘れられません。あとになって冷静に考えれば、子どもが決めるような話じゃないとわかるけど、とにかく母は有無を言わせない感じでした。私はもうどうしていいかわからず、オイオイと泣きじゃくるばかり。そのうち母が『いいわよ、お母さん産むわ』って。でも産めば母の命が危ないわけですから、やっぱり私はオイオイ泣く。あんなに泣いたのは、人生でもめったにないくらいでした」

「産む」と言った母は、泣きじゃくる康代さんの頭をなでながら仰々しくつづけた。「産んだら私は死ぬかもしれない。でも康代にお腹の赤ちゃんを殺させるわけにはいかないし、産めばきょうだいを残してやれるもの。お母さんは康代のためなら、命を懸けられるのよ」

この時期、父がどういう言動を見せていたのか、康代さんにはほとんど記憶がないという。職場での責任が重くなったのか帰宅は遅くなり、休日にも不在のことが多かった。ときおり顔を合わせても、「学校はどうだ」とか、「お母さんの言うことをちゃんと聞きなさい」とか、当たり障りない話に終始する。肝心の「赤ちゃん」について、父からは何の説明もなかったし、母と自分とのやりとりなどおそらく知らなかっただろう、そう康代さんは振り返る。

ともかくも母は数ヵ月後、妹を出産した。命懸けの偉業を成し遂げた高揚からか、いざ妹を胸に抱くと「産みたくない」と言ったことなどおくびにも出さない。「かわいい」を連発して実際にかわいがり、一〇年ぶりの育児にかかりきりになった。

妹の誕生と母の無事は康代さんにとっても大きな喜びだったが、一方で家事の負担はずいぶんと重くなった。炊事や買い物、洗濯、母に言われるまま妹の布オムツまで洗っていたから、ときには目がまわるほど忙しかった。

それまでの経験から一通りのことはできていたが、小学校高学年だった康代さんにはその年頃ならではの事情もある。特に女の子同士の友達づきあいは、学校生活を円滑に送る上では不可欠だった。同級生に人気のアイドル歌手、クラスで流行る手芸やシール集め、仲良しグループの交換日記。どれにも乗り遅れたくなかったが、家事に追われてなかなか楽しめない。

「母は私に、『お友達と一緒に遊んでらっしゃい』と言うんです。そのころは何人かの女の子が誰かの家に集まるお泊り会があって、私もたまに出かけていました。でも、みんなの話になかなかついていけない。一緒に手芸をやろうとか、流行りのお店に行こうなんて誘われても、家のことを考えるとむずかしいでしょ？ 今にも仲間はずれになるんじゃないかってビクビクして、意地悪されたこともたくさんありました」

友達の家から帰宅すると、母は康代さんに「どうだった？」と聞いてくる。本当のところを言うわけにもいかず、「楽しかった」と答えて、明るい顔でお泊り会の様子を話してみせる。ところが、うんうんと聞いていた母が不意に涙ぐむのだ。

「いいわねぇ、康代は、そんなふうに言うんですよ。友達と遊べて、楽しいことがいっぱいあってうらやましい。それに比べて私は何の楽しみもないし、この歳になって子育てのやり直しで本当に大変なのと。康代が留守の間、頭痛がひどくてつらかったとか、我慢してご飯のしたくをしたけどろくに食べられなかったとか、そういう暗い話がどんどん出てくるんです。母にそんなこと言われたら、私はどうしたって申し訳ない気持ちになります。もう友達と遊ばないようにしよう、無理して遊んでもどうせ楽しめないんだし、そんなふうに考えて、学校でもひとりでいることが多くなりました」

中学生になるころには「完全にクラスで浮いていた」、そう康代さんは苦く笑う。「我ながら暗い青春でした」と振り返り、その後に進学した高校でも同じような状況だった。

「小銭程度のことで年寄りをいじめるなんて」

康代さんは高校卒業後、自宅近くの郵便局で働いた。同じ郵便局員だった夫とは職場の上司の仲介で結婚、二三歳で寿退職をして専業主婦となり、家事や子育て、同居する両親の世話をしてきた。

一方、一〇歳年下の妹はまったく違う育ち方をした。通った小中学校は同じだが、ピアノなどの習い事をしたり、友達と遊園地や海水浴に出かけたりすることも多かった。

「母にかわいがられてきたせいか、性格なのかはわかりませんけど、一言で言うとマイペースのお気楽娘でしたね。怒られてもケロッとしてたし、言いたいことは平気で言う。ほしいものは買い、出かけたいところに出かけて、私から見たら信じられないほど自由でした。姉妹と言っても、向こうが中学生のとき私はもう子持ち。いちいち気にしてはいられなかったけど、なぜこうも違うのか、複雑な思いはずっと引きずってます」

お気楽な妹の様子を見聞きするたび、羨望や嫉妬を覚えて苦しくなる。だからなるべく関わりを避け、自分の生活を充実させようと努力した。夫婦仲はよかったし、子育ても楽しかったが、同居する母との関係はそう簡単に変わらなかった。

「たとえば三世代そろって家族旅行に出かけようというとき、母は突然『私は行かない』

って言うんです。頭が痛いとか、気持ち悪くなったとか、理由はいろいろですけど、要は誰かにかまってほしい。そしてその誰かって、たいてい私なんですよ。私が『お母さんを置いてはいけないから私も残る』って言えば満足する。逆に『じゃあお母さんだけ留守番して』なんて言ったらもう大変。みんながいない間に死ぬかもしれない、ひとりで残ってどうしろと言うの、そんな感じで泣いたり騒いだりしてました」

夫や子どもたちは最初のうちこそ戸惑いつつ、母の機嫌を取ったり、説得を試みたりしてくれた。父もクッション役になり、ときには「俺に任せろ」と進んで母の世話を引き受けることもあった。

だが、康代さん以外の家族では母をうまく扱えない。頭ごなしに責めたりすると母はますます頑なになり、「どうせ私なんて厄介者よ」と被害者意識をふくらませる。

息子たちは成長とともに、そのわがままぶりを「おばあちゃんの病気」と揶揄するようになった。父や夫も辟易した様子で、「あれじゃあかなわん」、「自分じゃ手に負えない」などと距離を置く。康代さんも同じような感情で「いい加減にして」と思うのだが、だからといって母から逃げ出すこともできなかった。

「主人や息子たち、父が遠ざかるほど、母はなおさら私にすがってきます。『ごめんね、康代。迷惑かけて。でもお母さんには康代だけが頼りなの』と何度言われたかわかりません。騒いでいたのがウソのようにしおらしくなって、弱々しい態度を見せるんです。どうせ今だけ、この人はまた同じことを繰り返すだろうと思いますよ。でも、目の前で涙を流されて『お願いだから助けてちょうだい』なんて言われると、こっちのほうが罪悪感の塊になっちゃう。かわいそうかな、仕方ないかな、そんな気持ちに流されてしまうんです」

とりわけ父が亡くなり、孫である息子たちが独立したあとの母は意気消沈していた。仏壇の前に座り込んで父の遺影に手を合わせ、「私も早くそっちに呼んでちょうだい」と泣いてばかり。もともと小柄な体は老いてなお縮み、体力も気力も目に見えて衰えたようだった。そんな母を少しでも元気づけたいと世話を焼くうち、ああして、こうして、と要求が増えていく。

「父が亡くなって数ヵ月後、母に『パジャマを買ってきて』と頼まれたことがありました。自分で買い物に行くのは疲れるし、値札の文字が小さくて見えないからと。そう言われれば確かにそうだろうと、私が買って渡したんです。それから母の買い物は、いつも私の役目になりました」

日用品などの些細な買い物でも、度重なればそれなりの負担になる。母には父の遺族年金や遺産で十分な蓄えがあるはずなのに、一円のお金も渡されない。康代さんが「自分のものは自分で払ってほしい」と頼んだところ、母は目を剥いて「親の土地に家を建てたくせに」と怒り出した。

「こんなに恩知らずな娘とは思わなかった」、「小銭程度のことで年寄りをいじめるなんて」などと不貞腐れ、近所の人や親戚に康代さんの薄情ぶりを訴える始末だ。ヘタに機嫌を損ねれば何倍も面倒になる、そう思えばやむなく母の要求に従わざるを得ない。

自分としては今までの母との関係性、そのときどきの事情や感情があってやむを得ず尽くしてきた。だが、夫や妹には理解できないだろうし、特に自由気ままでお気楽な妹にはわかるはずもない、そう康代さんは嘆息する。

死ぬ前に「ありがとう」と言わせたい

「お盆の四日間、妹は言いたい放題言って帰っていきました。他人に介護を任せないとダメだとか、このままじゃ夫婦の仲が壊れるとか、まぁ偉そうな態度でした。私も表面上はうんうんと聞いていたけれど、心の中では『アンタに何がわかるの』と毒づいてましたよ。昔、母は私のために命を懸けて赤ちゃんを産むと言ったけど、現実は妹がいたってちっともうれしくない。協力なんて期待しないけど、せめて『お母さんをお世話してくれてありがとう』とか、『お姉ちゃんに苦労かけてごめんね』とか、一言でも言えないのかと」語気を強める康代さんは、こらえていた感情があふれ出たように涙を流した。その感情は「あの家は息が詰まる」と口にした夫にも向けられている。

夫の気持ちはわかるし、申し訳ないという思いも決して小さくない。仕事があったときならともかく、退職後の家庭が母を中心にしたまま、自身の存在が無視されるような日々は確かに不愉快だろう。

格安キップを利用した旅の理由は本当のところ「長年の夢」ではなく、老いた母に振りまわされる妻と、老いてますます横暴になる義母から逃れるためかもしれない。そんな夫の心情を推し測りつつも、やりきれなさを覚えてしまう。

「母に関しては、主人にも言いたいことや不満はいろいろあるでしょう。それは私もわかってるつもりだし、私が逆の立場だったらそれこそ離婚してたかもしれません。でもね、だからこそ主人にも少しでいいから私の立場や気持ちを想像してほしかった。ずっと一緒に暮らしてきて、母がどういう人なのか、私がどういう苦労をしてきたのか見てきたはずでしょ？　義理の関係だからしょうがないけど、自分じゃ手に負えないからと、主人は逃げてきたんですよ。なのになぜ、『よくやってるな、がんばってきたな』って、それくらいのことが私に言えないんでしょうか」

情けない……、そう声を震わせて、康代さんは頬を伝う涙を何度も拭う。

八四歳になった母の介護が、あと何年つづくのかわからない。疲れやストレスは日常茶飯事だし、自分の心身への不安も大きい。この先さらに手がかかるようになれば、介護保険を使ったり、施設に入所させるような選択もあるとは思う。それでも康代さんは、「どんな形にせよ、母が死ぬまで関わっていくつもり」ときっぱり言った。

「意地なんですかね？　自分でもよくわかりませんけど、ここまでがんばってきた以上、母に私のがんばりを認めさせたいという気持ちが強いんです。死ぬ前に、『康代、ありがとう』と心の底から言わせたい。お詫びでもお礼でもなんでもいいから言ってもらうために、今投げ出すわけにはいかない気がするんです。だってそれがなかったら、私の人生なんだったのよって、あまりにやりきれないじゃないですか」

夫や妹からの励まし、共感や感謝は確かにほしい。だがそれ以上に欲するのは、ずっと一緒に暮らしてきた母の心からの言葉だ。感謝でも謝罪でも、後悔や懺悔でもいい。なにかしら伝えてもらわなければ報われない、それが康代さんの本心だという。

このまま死なせてなるものか、そんなふうに思う自分は、妹が言うように「異常」なのだろうか。母に振りまわされているようで、本当は自分のほうが母に執着しているのかもしれない。それでも康代さんはいつか報われることを支えに、老いた母との暮らしを当面つづけていくという。

親子の精神的な役割が逆転する

本書の冒頭で紹介した『毒になる親』を書いたスーザン・フォワードは、その中で次のように綴っている。

――「罪悪感」と「過剰な義務感」は、子供時代に自分の意思に反して親子の精神的な役割が逆転させられた人間に典型的なものである。

そういう人間は大人になった後も、あらゆることの責任を引き受けて頑張ってしまう傾向がなかなか抜けないことが多い。

だがいくら頑張ったところで、すべてを完璧にやり遂げられるわけではない。そのために自分に対する「不十分感」は消えず、心が晴れないので、ますます頑張るという悪循環に陥るのである――。

康代さんがフォワードの指摘する「そういう人間」なのか断言はできないが、罪悪感や過剰な義務感は少なからず感じられる。母がかわいそう、私がやらなくては、そんな思いから多くを引き受けるが、彼女が懸命になるほど母は依存を深め、要求を増し、無理を押し通そうとする。

そんな親は放っておけばいいじゃないか、ふつうはそう考えるだろう。実際に康代さんの夫や妹は距離を置き、母の駄々っ子ぶりを受け入れる彼女を理解できない。

もっとも近い存在である家族からの共感を得られず、康代さんはなお追い詰められ、だからこそ「せめて母には認めてもらいたい」という思いに駆り立てられている。

康代さんのような親子関係でむずかしいのは、親が「何かをした」のではなく、「何かをしなかった」という問題である。

何かをした、たとえば暴力をふるったとか、毎日暴言を浴びせたというような状況なら、周囲にもその問題がわかりやすい。目に見えてひどいことをした親は非難の対象になり、被害を受けた子どもは助けや支えを受けることもできるだろう。

現実にはそう簡単に助けを得られず、苦しみの中から抜け出せない場合も多いことは承知している。それでも心身の痛みや恐怖、「親にこんなことをされた」という事実は残るし、それを根拠に親を避け、親から逃げ出すこともできなくはない。

事実を自覚できないまま、あるいは事実を否認してしまう人もいるのだが、なんらかのきっかけで親の行為を認識し、親子関係を見直す機会もあるだろう。ひどい親だった、これほど苦しめられた、それがあきらかでありながらも今こうして親の世話をしている、そんな人なら理解や尊敬を得られやすい。周囲からの肯定的な評価は人の自尊心や自己評価に結びつくものだから、自分で自分を認めることもできる。

あんなにひどいことをされたのに私はこうしてがんばっているじゃないか、そう自己評価を高められる。反対にがんばれないとしても、あんなにひどいことをされたんだから当然だ、私が悪いわけではない、そんなふうに罪悪感を手放すこともできるだろう。

親は年を重ねてもっと非力になっていく

だが、康代さんの母のように「何かをしなかった」場合には、そもそも問題が見えにくい。まして「しなかった」ことに一見正当な理由がある場合には、疑問を持ったり、反抗したりするのはたやすいことではない。

体が弱い、疲れやすい、力がない、お金がない、そんな理由があって何かをしない、あるいはできないと訴えられたとき、助けたいと思うのは自然な感情だ。それが自分の親ならなおのこと、なんとかしなくては、という気持ちになってしまう。

おとなであれば親の様子を冷静に、客観的に捉えることもできるだろうが、幼い子どもにとっての彼らは絶対的な存在だ。子どもは親の言うことはもちろん、態度や雰囲気、表情など言葉にならないメッセージを日々受け取っている。

康代さんは「体が弱い」という母の肩やこめかみに「いつもトクホンが貼られていた」ことを鮮明に覚えているが、まさにその場から発せられる雰囲気を感じ取っていたに違いない。そうした感覚や感情は、容易に子どもを動かしていく。こうすればお母さんが喜ぶ、こんなことをしたらガッカリさせる、そのために自分はどうすればいいのかを考え、親の意に沿うように動こうとする。

ときには子どものほうが親の役目を負ったり、「親の親」にならざるを得ない場合もある。いわば「小さな保護者」として親をかばい、助け、支えていくわけだ。

一方、子どもを頼ったり、都合よく使ったり、保護されたりした親は、年を重ねてもっと非力になっていく。もともと頼りなかった親が老いてなお弱々しくなれば、子どもはいっそう保護者であることを強いられ、その関係性から離れられない。

相手の主張や要求が非論理的であるほど、客観的、論理的な意見は通用しない。根拠も脈絡もないまま無茶苦茶なことを訴える人に正論で対抗しても、ほとんどの場合、事態が好転しないのと一緒だ。相手が他人なら無視することもできるだろうが、自分の親、それも老いて非力となった親に泣かれたりすれば対応はいっそうむずかしくなる。

康代さんは母に対して「いい加減にして」と思いながらも、かわいそうという気持ちに流されているが、実のところこうした人は少なくない。親への怒りや恨みを持つ人でも、その救いようのなさ、哀れみを感じるほどついかばいたくなるのだ。

特に自分以外の誰か、家族や友人から「あなたの親は救いようがない」、「あんな親は手に負えないね」などと言われると、どうにも反論したくなる。「悪気はないんです」、「あんな親ですが、いいところもありました」、そんなふうにかばいたくなるのは、かつて親の親をしていた、小さな保護者だった人ならではの気持ちだろう。

ふつうの親子関係で、親が他人に我が子をけなされたとき、「いや、うちの子だっていいところはあるんですよ」と弁護したくなるのと同様に、非力な親を支え、あるいは振りまわされてきた人は、保護することの義務感や見捨てることへの罪悪感を容易に拭えない。次に紹介する渡辺啓治さん（四八歳）もそんなひとりだ。

「おしんみたいな嫁」だった母親

「子どものころは親父のほうが毒親で、おふくろはかわいそうだと思ってました。それが今ではどっちが惨めで、どっちが悪者なのかよくわからなくなってます。まぁ人間なんて、立場や環境が変われればいろんな顔を見せるんだろうけど……」

グレーの作業服姿の啓治さんは、日焼けした顔を両手でゴシゴシとこすりながら淡々と言った。小さな工務店の二代目社長、先代だった九〇歳の父は右半身のマヒと脳血管性認知症（注①）で要介護四となり、五年前から介護付き有料老人ホームに入居している。

「ようやく施設に入れられてホッとしたんですけど、まだおふくろが残ってますからねぇ」、そう嘆息する彼は東京郊外に暮らしている。家族は妻（四六歳）と大学生の息子、それに高校生の娘だが、徒歩一〇分の場所には実家があり、そこには八〇歳の母がいる。

実家は工務店の事務所を兼ねているため、啓治さんはほぼ毎日のように母と顔を合わせる。歩行障害と軽度な認知症のある母は要介護一、訪問介護やデイサービス（通所介護＝日帰りで食事や入浴、レクリエーション、リハビリテーション等の提供を受ける）の利用と啓治さんの見守りで日々を過ごす。一見理想的な近居のように思えるが、彼にとっては

「この近さが諸悪の根源」だという。いったいどんな「諸悪」があるのか、まずはこれまでの親子関係を辿ってみよう。

啓治さんの母は幼いときの病気が原因で足を引きずり、そのためかなかなか縁談に恵まれなかった。三〇歳で結婚するが相手の男性は四〇歳、一三歳の息子と九歳の娘がいた。前妻を病気で亡くしていたこの男性が、のちに啓治さんの父親となる人だ。

「僕が生まれたとき、母親違いの兄と姉は思春期でむずかしい年ごろでしょ？　おふくろへの反発はすごかったらしいし、おまけに舅と姑がいて、まわりには口うるさい親戚がそろっている。足が不自由なおふくろはバカにされ、いじめられ、とにかくつらかったと思いますよ」

義理の両親に血のつながらない息子と娘、加えて住み込みの職人や見習いの若い衆がいる。同居する大人数分の炊事に洗濯、年寄りの世話や親戚づきあいに追われる母は、「おしんみたいな嫁」だったという。

啓治さんは物心ついたころから、働きづめの母の姿しか知らない。運動会にも参観日にも来てもらった記憶はなく、それどころか母子でゆっくり話をする時間もなかった。母の代わりに祖母が面倒を見てくれたが、些細なことで叩かれたりして、到底甘えられる存在ではなかった。

「忙しく働かされているおふくろとは、いくら望んでもふつうの親子関係を作れない。寂しかったし、心細かったけど、子ども心にその大変さがわかるからグッと我慢するしかなかったです。今に見てろよ、俺が大きくなったら必ずかあちゃんを幸せにしてやるぞ、よくそんなふうに思ってましたねぇ」

遠い目をして振り返る啓治さんには、もうひとつ父との暗い思い出がある。職人として腕の立つ父は着実に成功を収めていたが、家庭の中では暴力的な人だった。「しつけ」と称して子どもを殴る蹴る、ときには角材を持ち出してめった打ちにしたこともある。おまけにその暴力は陰湿で、「連帯責任」を迫ってくるのだ。

「たとえば僕が何か親父の気に入らないことをしたとすると、『おまえの教育が悪い』とまずおふくろが殴られる。次に兄と姉が『ちゃんと弟の世話をしろ』と殴られ、最後に僕のところにくるわけです。もちろん逆のパターンもありますけど、兄や姉にしたら『アイツのせいで』という気持ちになりますよね。だから陰で僕を殴り、おふくろをいじめて、まぁとにかく暴力が家族の中をグルグルまわっちゃうような家でした」

荒んだ環境に耐えかねたのか、兄と姉はおとなになると同時に家を出てしまった。残された啓治さんが工務店を継いだが、ようやく仕事を任されるようになったとき、父が脳出血で倒れてしまう。啓治さんが三〇歳、父は七二歳だった。

注① 脳血管性認知症＝脳梗塞や脳出血、クモ膜下出血などの脳血管障害によって併発する認知症。中核的な症状は日常生活に支障をきたすような記憶障害や、その他の認知機能障害（言葉、動作、認知、ものごとを計画立てて行う能力などの障害）。歩行障害や排尿障害、抑うつ、感情失禁（感情をコントロールできず、些細なことで泣いたり怒ったりする）、夜間せん妄（夜になると意識レベルが低下して別人のような言動をする）などの症状が出ることもある。

一日置きに実家に泊まり込む

二〇〇一年、脳出血の後遺症で右半身がマヒし、言語障害が出た父を家族で介護することになった。前年の二〇〇〇年には介護保険制度がスタートしていたが、当時は情報らしい情報もなく、「介護は家族の役目」という認識が一般的だった。

「そのとき僕の息子は二歳、しかも女房は娘を妊娠中でした。子育てはある、会社の手伝いもある、そんな女房に介護まで頼むわけにはいかない。おふくろはまだ六〇過ぎでしたから、親父の介護はおふくろ中心でやっていこうとなったんです」

それでも啓治さんは「母を助けてやりたい」という思いが強かった。苦労ばかり重ねてきた母に孫の顔を見せることができ、息子である自分も一人前になれたと思った矢先、あらたな苦労を負わせるのは忍びない。足を引きずる母が大柄な父を支え、ふぅふぅと荒い息を吐きながら介助する姿を見ると、いてもたってもいられなかった。

「介護がはじまって二年くらい経ったとき、女房と話し合って僕ら夫婦でできるだけ助けていこうという話になりました。子どもたちは保育園に預けて、平日の昼間の二、三時間は女房が手伝いにいく。夜は一日置きに僕が実家に泊まり込んで、親父を風呂に入れたり、夜中にトイレに連れていったりしてました」

言葉で言うのは簡単だけど……、啓治さんはそう前置きして当時の介護の一端を語ってくれた。深夜に父が「用を足したい」と言うと、体を支えながらトイレに連れていく。背中と腰を支えながらなんとか便座に座らせるが、しばらく経つと「出ない」と言われ、またベッドへと逆戻り。やれやれと思いながら眠ろうとすると、「今度は出そうだ」と言われて同じことの繰り返しだ。

何度もやり直すのはたまらないからと、父を便座に座らせたまま自分はトイレのドアにもたれかかって待つうちについウトウトしてしまう。ハッと気づくと父が排泄を失敗し、トイレの床に尿や便がこぼれていたりする。

「紙オムツを使わせたくても、昔の人だからものすごく抵抗するし、無理につけても自由になるほうの手ではずしちゃうからね。変な話ですけど、男って食が多いでしょ。やっぱり出るほうも大量で、それを失敗されたらこっちもいい加減イヤになる」

父をベッドに戻したら、自分はトイレに取って返し、古新聞でこぼれた便をぬぐい取る。濡れ雑巾で便器や床を拭き上げるが、「とにかく臭いが強烈ですよ、息をするのがイヤになる」と言うしんどい時間だ。

冬場は体が冷えきって、再び寝ようと思っても容易に寝付けない。なんで一度で出さないんだ、紙オムツをつけさせるにはどうしたらいいだろう……、そんなことを考えるうちに目が冴えて、ほとんど眠れず朝を迎えるようなことも多かった。

パチンコ屋に駆け込んで現実逃避

多忙な仕事をこなしながら介護をつづける日々。肉体的なつらさだけでなく、精神的な負担も大きかった。現場で作業中だろうと、顧客との打ち合わせ中だろうと、携帯電話に何度も母からの着信が入ってくる。「お父さんに怒鳴られた」とか、「ご飯を食べさせようと思ったらぶたれた」とか、母は啓治さんの都合も考えず一方的にまくしたてる。

「またあとで話を聞くから」となだめると一旦は「わかった」と納得するが、一時間もしないうちに「まだなの?」、「早くして」と電話がくるのだ。

「遠くに住んでいるとか、あまり交流がない親子ならあそこまで頼られることはなかったと思います。僕のほうだって、自分の時間を犠牲にしてまで助けようとはしなかったでしょうね。ただ、なにしろ近くにいるから無視するのもむずかしい。もちろんストレスはたまるし、何度となくおふくろを怒鳴ったりしたんだけど、邪険にするとなんとも後味が悪いんですよ」

母だけでなく妻に対する葛藤もあった。本来なら若い母親として子育てに専念し、楽しい日々を過ごしたいだろうに、義理の父親の介護を助けなくてはならない。おまけに姑である母と毎日のように顔を突き合わせるわけだから、当然ながら不満もたまっていく。

洗濯物の干し方、料理の味付け、ゴミの分別、啓治さんにすれば「それくらいで」と思うようなことでも嫁姑の間では何度となく火種になる。「おしんみたいな嫁」だった母は我慢や質素倹約を美徳とするが、一方の妻は便利で簡単ならそれでいいという割り切り派だ。「今日はお義母さんにこう言われた」、「お義母さんのやり方が許せない」、妻からは毎日のようにそんな愚痴を聞かされた。

「一時は女房もノイローゼ気味になっちゃって、僕と離婚する、子どもを連れて家を出ていくと言われました。本当に申し訳ない思いはあるんだけど、僕のほうもいっぱいいっぱい。だからってどうすりゃいいんだと、こっちもキレてしまう。自分の家にいても炎上、実家に行ったらドロ沼。あのころは三〇分だけパチンコ屋に駆け込んで打ちまくるとか、家にも実家にもいたくなくて車の中で寝るとか、とにかく現実逃避をしたかったですね」

思い詰めた啓治さんは、都内に住む兄と姉に「親父の介護が大変だ。少しでも助けてほしい」と連絡した。ところが兄は「こっちこそ大変だ」とけんもほろろの対応、姉のほうは「私に言われても困るのよ」と逃げるばかりだ。

「手伝ってもらえないなら、親父を施設に入れる」と伝えると、二人そろって「施設代で親父の金を使う気か」、「介護を理由に財産を独り占めするつもりだろう」と口汚く責めてきた。

あまりの言い草にはらわたが煮えくり返ったが、一方でせいせいする気持ちもあった。ヘタに善人ぶられて余計な手出し、口出しをされるよりも、冷たく突き放されたほうがかえって開き直ることができる。

「身内と言っても、もともと寒い関係ですからね。どう誤解されようが上等じゃねぇか、そんな気持ちでした。親父の金を使ってると思われるなら、いっそ目一杯使ってやろうか、そんな割り切りが持てたから、かえってよかったかもしれません」

同じころ、啓治さんにあらたな展開が訪れた。父の介護をする母の様子が危ないと、妻から報告されたのだ。介護がはじまって五年目のことだった。

母親が父親を虐待しはじめた

啓治さんは気づかなかったが、妻は女性ならではの目線で細かい異変に気づいていた。母の危うさ、それは巧妙に父をいじめていることだった。

たとえばパンツをはかせようとする際、太ももや臀部に爪を立てたり、思いきりつねったりする。ご飯やおかずに殺虫剤をかけ、喉の奥にスプーンを突っ込み、手の甲にはフォークを突き立てたりしていた。

「これはマズイぞ、そう思いましたけど、実はざまあみろという気持ちもあった。僕もおふくろも昔は親父に散々ひどい目に遭わされてきたわけだし、それくらいの復讐は仕方ないだろうと。ただ、女房はこれ以上何かあったら怖いという。五年間、家族だけでがんばってきたんだし、もうこのあたりで他人に介護を頼もうということになったんです」

二〇〇六年、父の介護申請をしたところ要介護二と認定された（のちに要介護四に変更）。母が「他人に家の中に入られるのは嫌だ」と言ったため訪問介護は頼まなかったが、週に三日のデイサービスの利用がはじまった。

安堵したのも束の間、父は他の利用者や介護スタッフとたびたびトラブルを起こす。デイサービスのレクリエーション中に補助具を振りまわしたり、送迎車の中で大声を張り上げて他の利用者を怖がらせる。入浴中に女性介護士に抱きつこうとしたこともあった。

トラブルのたびに呼び出される啓治さんは平身低頭で謝るが、結局は利用を断られて別のデイサービスを探す羽目になる。

「もしかしたらすでに認知症がはじまっていたのかもしれません。ただ、元来が暴力的な人だったからこっちも医者に診せようとも思わず、次はどうしようかと悩むばかりです。今でこそケアマネ（ケアマネジャー＝介護支援専門員）さんはかなりがんばってくれるけど、あのころは結構冷たかった。『デイ（サービス）は無理ですね、やっぱり家族で面倒みてはどうですか』みたいな感じで、途方に暮れることも多かったです」

要介護認定が下りて二年が過ぎたころ、父は肺炎になって三ヵ月近く入院する。これを機に認知症の症状が進み、「枕の下に毛虫がいる」、「廊下の向こうに墓地があるからお参りしたい」などと幻覚を訴えるようになった。

転院先として高齢者専門の精神科病院を紹介されたが、啓治さん夫婦が見学に行ってみるといかにも殺伐とした雰囲気だ。病室の中は隙間なくベッドが並び、生気なく横たわった患者たちが壁や天井の一点をボーッと見つめている。手足をしばられた状態で、「アーアー」と言葉にならない声を上げている人もいた。

「家族が切羽詰まってる状況なら、ああいう病院に入れても仕方ないと思います。でも僕らはなまじ親の近くに住んでいて、今までも介護をやってきたでしょ？ 介護サービスだって使えるんだし、それなのにあの状態に追いやるのはさすがにどうだろうという気持ちでした。女房は反対だったし、おふくろも『先が長くないなら、できるだけ家で看てやりたい』と言うしね」

壊れていく父と顔を合わせるのが怖かった

あらたに訪問介護や訪問診療の体制を整え、退院後の父を実家で介護することになった。

昼間はヘルパーの助けを借りられるためずいぶん楽になったが、夜間は人手不足で頼めない。以前と同じように啓治さんが泊まり込んでいたが、ある夜のこと、物音で目を覚ますと父がいない。右半身のマヒに加え入院で体力が衰えた父は、家の中を歩くだけでも誰かの介助が必要だ。それがいったいどこへ行ったのか、すべての部屋を探しても姿が見当たらなかった。

このころ、夜中に父が徘徊するようになった。短い距離だが、疲れると物陰でうずくまっていたりするため容易に見つけられない。啓治さんは窓やドアを工事して父の徘徊を防ぐことにしたが、今度は室内での思わぬ行動が生じる。

「一番多かったのは大声と大きな音を立てること、まるで動物の雄叫びみたいな声を何時間でも出すんです。夜中になると杖でベッド柵をガンガン叩いて、これも一晩中つづけたりしてね。おふくろも僕も眠れないし、近所からは苦情がくる。医者に相談して睡眠薬とかいろんな薬を使うことにしたんだけど、そのあとが大変でした」

叫ぶようなことはなくなったが、一方で心身の状態がみるみる悪化した。飲み込みが悪くなって通常の食事がとれない、便秘がつづく、表情が乏しくなる、ふつうの会話が理解できない……。ふと気づくと、精神科病院で目にした患者たちと同じように、父から生気が失せている。

そんな父と顔を合わせるのは怖かった、そう啓治さんは振り返る。不気味な父の姿を目にすると、「自分のほうに負のオーラが降ってくるような感じ」でぐったり疲れてしまう。

「あのとき紹介された病院に入れたほうがよかったたと、正直何度も思いました。悪い言い方になっちゃうけど、人間じゃなくなっていくような状態を目の当たりにすると、先行きへの不安や恐怖を感じてやっぱり大きなストレスなんですよ」

壊れていくかのような父に困惑し、一方で惨めさと悲哀も感じながら介護の日々がつづいた。月日の経過とともにケアマネの交代やあらたなケアプラン（介護計画）ができたが、支援体制の充実に反比例して家族の状況も変わっていく。

啓治さんには建築不況や銀行の貸し渋りなど仕事上の危機があり、慢性的な頭痛や狭心症などの持病を抱えた。長く子育てと父の介護を両立してくれた妻は自律神経失調症になり、不眠や円形脱毛症に苦しんだ。

さらに母にも問題があった。父へのいじめがひどくなり、誰も見ていない隙に叩いたり蹴ったりする。寝ている父の頭を持ち上げてドスンと落とす、手首をつかんで逆側にひねろうとする、そんな虐待を平然と行うようになった。

腹黒い兄と姉は「財産だけはほしい人間」

母による虐待行為を防ぐためショートステイ（短期入所生活介護＝特別養護老人ホームなどに数日宿泊して介護を受ける）を利用しつつ、何ヵ所もの介護施設へ入所申し込みをした。二〇一四年、病院を併設する有料老人ホームに父を入所させることができたが、一人暮らしになった母の様子はますます変わっていった。

「平気で人を傷つけるようなことを言って、まわりの人間を不快にさせる。止めても『私は間違ってない』って反応で、頑として非を認めないんです」

たとえば啓治さん夫婦が母を外食に連れ出す。こちらが「おいしいね」と言えば、「量が多すぎる」、「値段が高いのにまずい」などと周囲の客にも聞こえるような大声を上げる。あわてて止めても「ほんとのこと言って何が悪いんだ」と怒り出し、火に油を注ぐような状況になってしまう。

親孝行のつもりで母の日に高価な果物を贈ると、「こんなぜいたくをして。バカじゃないか」と吐き捨て、といって手ごろなお菓子でも渡すと「どこにでも売ってるものだからいらない」と突き返される。足が不自由な母を案じて代わりに買い物をしてやると、「食べたくないものばかり買ってきて」と文句。それなら買ったものは持ち帰ると返せば、「何も食べるものがない。私に飢え死にしろと言うのか」と大騒ぎだ。

息子の啓治さんでも不愉快になるのだから、義理の妻にしたら到底平静ではいられない。以前から悩んでいた円形脱毛症がひどくなり、激しい動悸などの不安発作も起こるようになった。

さらに問題なのが母のつく「ウソ」だ。父への虐待行為は母がしていたはずなのに、「息子がやった」と話が変わり、「でも私は責めたくない」などと寛容な自分を作り上げる。「息子夫婦が勝手にお金を使う」、「嫁にいじめられている」などと、ありもしない話を周囲に吹聴されるからたまらない。

「介護スタッフは事情がわかっているからうまく聞き流してくれるけど、近所や親戚はそうはいきません。兄や姉とはずっと疎遠になっていたのに、おふくろは勝手に連絡を取って僕ら夫婦の悪口を吹き込んでいるらしい。あの二人は親父の世話なんか一切していないのに、財産だけはほしいという人間。おふくろから聞かされるウソの話をこれ幸いとばかりに利用して、いずれ自分たちの権利を主張してくるでしょうね」

一年ほど前、啓治さんは危うく母を殴りかけたという。兄と姉の名前を挙げた母が、

「血のつながりがなくたって、私のことを気の毒に思ってくれてありがたい。それに比べておまえは冷たいよ」、そう言ったことに思わずカッとなったのだ。

自身の生活を少なからず犠牲にし、心身の疲弊に耐えながら父を介護してきた息子を「冷たい」と見て、腹黒い兄と姉を持ち上げる母が許せない。それと同時に、なぜ母はこんなふうに変わってしまったのか、そんな思いも渦巻く。

あれほどの経験を重ね、痛みや苦しみを存分に知っているはずの母なのに、いったい何が理由でこれほど意地悪い人間になってしまったのか。懸命に両親を支えてきた自分たち夫婦への感謝もなく、それどころか傷つけ、貶めるような言動を繰り返す母が今さらながら「毒親」に思えてしまう。

「もしかしたらこれも認知症の症状かもしれないと、医者にも聞いてみたんです。そしたら確かにそういう状態はあると言われて、少しは気持ちも落ち着きました。ただ、それはそれでやっぱり複雑なんですよ。親父のことで大変な思いをしてきて、今度はおふくろがこんなで、いつになったら楽になれるんだろうと。『意地悪もウソも認知症の症状だから、ご家族で認めてあげましょう』（注②）なんて言われると、かえって見捨てられなくなるじゃないですか」

啓治さんは再び日焼けした顔をゴシゴシとこすり、今度はふぅーっと深いため息をついた。

大きくなったら必ずかあちゃんを幸せにしてやるぞ、幼心に抱いた決意は消えてはいない。周囲を振りまわす母がときおり見せる寂しげな表情に、かわいそうだなと心が揺れることもある。

最近、母が「私の人生、なんにもしないで終わるんだろうね」、そうポツンとつぶやいた。

「なんにもしないってことはないだろう。家のために働いて、俺たちを育てて、親父の面倒だってみたじゃないか」と言うと、大粒の涙をこぼして弱々しくうなずく。

いったい母のどの面を見ればいいのか、啓治さんの葛藤は尽きない。苦労した母への思慕、一方で自分たちの生活を壊そうとするかのような母への嫌悪が絡み合って、徒歩一〇分の実家への足取りはつい重くなるという。

注② 認知症の症状＝高齢者の話の内容にあきらかな矛盾や誤りが含まれている場合、「平気でウソをつく」、「意地悪な人間」などと判断されることがある。自分にとって不利なことは一切認めず、自分勝手な弁明をすることもあるが、これは認知症の人に普遍的に見られる症状のひとつ。認知症の専門家である杉山孝博医師（川崎幸クリニック院長）は、「自己有利の法則」と呼んでいる。詳細は第5章に記述。

親が子どもに寄生する「逆パラサイト」

非力や弱者という親たちは、経済的な問題を抱える場合も少なくない。あきらかな困窮状態では生活保護などの社会的支援があるが、「浪費」で子どもを振りまわす場合はどうしたらいいだろう。神奈川県に住む山岡美沙さん（六四歳）は、九州地方で一人暮らしをする母（九〇歳）が「逆パラサイト」だと嘆く。

パラサイトとは本来「寄生生物」という意味だが、一般的には「パラサイト・シングル」という造語の略として使われる。パラサイト・シングルは経済的に自立しないまま実家で暮らす未婚者を言い、親を宿主として寄生しているように見えることからこうした表現が用いられてきた。美沙さんの場合は「逆パラサイト」、つまり親のほうが子どもの経済力に寄生しているという。

「年老いた親へのちょっとした仕送りとか、緊急時の生活援助くらいだったらいいですよ。

でもうちの場合は、母の勝手な行動で私たちの生活が脅かされている。九〇にもなった親にタカられて、骨の髄までしゃぶられそうで怖いです」

ふくよかな丸顔が醸し出す穏やかな雰囲気とは裏腹に、美沙さんの言葉は怒気を含む。

三〇年近くクリニックの看護師として働いてきた彼女は、定年退職した夫（六六歳）と二人暮らし。三〇代後半の息子と娘は家庭を持ち、自宅マンションのローンも完済した。年金生活ながら楽しい老後を過ごしたいと思いながらも、その現実は母によって脅かされている。

「この一年だけでも、五〇万円近くのお金を援助しました。母は老犬を二匹飼っているんですけど、この病院代が一〇万円。実家の敷地は田舎特有の広さで草刈りや庭木の伐採費用が一〇万円。あとは母が作ったローンの支払いですね。着物に指輪、訪問販売で買わされた浄水器や掃除機、節電用の特殊な機械もあったかな。とにかくいろんな支払いがあるので、私も全部を覚えられないんです」

そう言いながらも美沙さんは手元のメモ帳をめくり、「ああ、その前の年は実家のリフォーム代で四〇万円出してます。台風で屋根や雨どいが壊れちゃって、保険の証書が見つからないからと自腹で修理したんですよ」と早口でつづける。

毎年のように数十万円単位の支払いを肩代わりできるのは、看護師だった美沙さんの貯金と夫の理解があってのこと。とはいえ、どれほど援助しようと母の無心は尽きず、むしろ年々ひどくなっているからたまらない。

神経痛や両足の浮腫に悩む母は要支援二、週に二回の訪問介護と週に一度のデイサービスを利用している。「あっちが痛い、こっちがしびれる」が口癖だがその割には活動的、高齢者向けの市民講座に通い、町内の老人会の役員まで引き受けている。

「お金の問題さえなければそこまで悪い人じゃない」、そう話す美沙さんは母への嫌悪の一方で、心底憎みきれない事情がある。子どものころに見た母の苦労と忍耐を、どうにも忘れられないからだ。

かつて母娘はつらさと惨めさを共有していた

鉱業関係の仕事をしていた父は、一七年前に七五歳で亡くなった。典型的な九州男児で豪放磊落《ごうほうらいらく》な人だったが、戦前の軍国教育を受けたせいか「気に入らなければ鉄拳制裁」、「飲む、打つ、買うはあたりまえ」といった悪い面を持ち合わせていた。

実家は近所や親戚のつながりが濃い地域にあり、美沙さんが幼いころは古い因習や旧来の価値観が根強く残っていた。長男だった父のもとに嫁いだ母は嫁としてのつらさを味わい尽くし、とりわけ金銭面での苦労は絶えなかったという。

「一家のサイフは祖父母が握って、母は自由になるお金を全然持ってないんです。おまけに父の道楽がすごかった。飲み屋のツケを散々ためて、母に払いに行けという。母はお金がないから姑に頼むんですが、『亭主の尻拭いは女房の務め』と言われて助けてもらえない。どうにもお金の工面ができない母を父が殴り、血だらけにして家から追い出すようなこともありました」

夜半、漆黒の闇の中ですすり泣く母の姿を、美沙さんは今も鮮明に覚えているという。裏庭の深い井戸を覗き込んで、今にも身投げしそうなほど憔悴した母の顔も忘れられない。

おまけに虐げられるのは母に限ったことではなかった。美沙さんの三歳年上の兄は「男児」という理由で祖父母や父から寵愛されたが、彼女のほうは「どうせ嫁にやる」からとことごとく邪険にされた。

食事におやつ、入浴やテレビ視聴も兄を差し置いては許されない。朝は兄より早く起きて台所仕事や掃除を手伝い、夜は父や兄、祖父母が済ませたあとの「終《しま》い湯」に母とともに浸かった。

「当時は薪で沸かす五右衛門風呂ですから、今と違って簡単にお湯足しなんかできない。みんなが入ったあとの残り少ないお湯、冷めて湯垢が浮く中で母と体を合わせてましたね」

つらさと惨めさを共有する母娘は、同志のような関係だった。母は美沙さんに「女の自立」を願い、手に職をつけて自力で稼げる人間になるよう切なる思いを託した。

娘の将来への道を開くため、あるいは夫の尻拭いもあっただろうが、母は美沙さんが小学校に上がると祖父母の反対を押し切って近くの食堂で働きはじめる。余った食材や料理の残り物をもらい受け、こっそり美沙さんに食べさせたり、弁当のおかずに詰めてくれたりした。

外に出ることでなお忙しくなった母は寝食もままならないほど働き、祖父母や父から浴びせられる暴言と暴力に苦しみつづける。それでも必死にお金を工面して、美沙さんを看護学校に進学させてくれた。

看護師になった美沙さんは地元の病院で働いていたが、二四歳で今の夫と見合い結婚をする。三年後に夫の転勤で関東地方へと引っ越すことになったが、それを誰より喜んだのは母だった。

「ふつうなら娘を遠くにやるのは寂しいと思うでしょう？　でも母は、私が古い土地から出ていけることをすごく喜んでました。反対に私のほうは母を残していくことが心配でたまらない。母にとっては私が唯一の味方なのに、その私がいなくなったらどうなるんだろうと、こちらが涙に暮れました」

それでも慣れない都会での暮らしがはじまる。美沙さんは主婦業と子育ての合間にパート看護師として働き、母から託された「稼げる人間」として無我夢中の日々を過ごした。家計を支える必要もあったが、「いつか母が老いてひとりになったら私のもとに引き取ろう」、そんな密かな思いもあった。離れていても母への思いは消えることなく、それどころか自身が母親となったことで、あらためてその苦労が痛いほどわかるのだった。

バブルで大金が転がり込み、母の忍耐が爆発した

そんな美沙さんに予期せぬ事態が起こったのは三〇年前、一九八九年のことだ。世はバブル景気の最中、実家のある地域で大規模なリゾート開発が進められることになり、多くの住民が畑や山林を売却した。美沙さんの実家も同様で、手つかずだった数百坪の土地が業者に買われ千万単位の大金が転がり込んだ。

「その翌年、転居以来はじめての帰省をしたんですが本当にビックリしました。実家の座敷に大きなソファーセットが置かれ、ムートンの敷物が載っている。壁には亀の甲羅とかヨーロッパの風景画みたいなものが飾られていて、いかにもって感じの成金趣味。でも一番驚いたのは母が化粧をして、パールのネックレスや指輪をしていたことです。生まれてはじめて化粧した母を見て、最初はうれしさよりも戸惑いのほうが大きかった」

母に化粧や指輪の理由を尋ねると、地域の女性たちの集まりでそろって買ったという。集団の力学が働いたのか、自分だけならできないことでも「みんな一緒」の横並びなら心強く、むしろ横並びすることが掟のような土地柄だけにやむを得ない。

もうひとつ、それまでの忍耐が爆発したこともあっただろう。強権をふるっていた祖父母が相次いで亡くなり、当時六三歳だった父は糖尿病や心臓疾患を抱えていた。かつての「鉄拳制裁」の面影は消え、痩せて足取りもおぼつかない父は、母にとってもはや恐れるものではなかったのかもしれない。

「母から事情を聞いて、私はなるほど、それならよかったと単純に納得したんです。あれほど苦労してきた母がやっと幸せになれた、少しくらいの贅沢やおしゃれをしても当然かなと思ったし、まとまったお金があれば母の老後は安泰だとホッとしました」

ところがほどなくバブルは崩壊、リゾート開発も工事の途中で頓挫する。すでに大金を手にしていた両親だが、それがかえって判断を狂わせたのか、出費を惜しむことがなくなった。高級車を購入したり、親戚と一緒に海外旅行をしたり、使う機会もないのにブランド品のバッグを持ったりする。

それでも離れて暮らす美沙さんには、子細な状況がわからない。なにより親子の間で「お金の話題」は出しにくく、多少の不安は感じながらも親任せにするしかなかった。

そうして一〇年近くが過ぎたころ、父の体調が悪化する。入退院を繰り返すようになったため、美沙さんは両親の今後について兄と相談することにした。

寵愛されて育った三歳年上の兄は結婚後、家族とともに実家から車で二時間ほどの街に住んでいた。別居とはいえ日帰りで往復できる距離、長男としての自覚もあるはずだからと安心していた美沙さんだが、またも思わぬ事態に直面する。

「兄は勤めていた会社をとうに辞め、起業していました。私はまったく知らなかったけど、父が資金を出してやったらしいです。これが会社を作っては潰し、また次の事業に手を出すという悪い流れで、そのたびに実家に泣きついていたみたい。夫婦仲も最悪、結局その後に離婚しましたけどね」

頼れるはず、そう思っていた兄は、まさかのトラブルメーカーになっていた。両親を借金の保証人にしたり、三〇万、五〇万と当座の運転資金を提供させていたことが判明する。千万単位の大金が転がり込んで一三年後の二〇〇二年、父の他界で相続手続きが必要になった。実家の土地や家屋は残っていたが、「遺産」と呼べるほどのめぼしい財産はほとんどない。まさにバブルのように泡と消えた大金、失われた母の老後の安泰を思うと、美沙さんは怒りと絶望を抑えられなかった。

だが、よりむずかしい問題はそこからだった。かつての苦労と忍耐はどこへやら、母はあれこれとモノを買い、人が変わったかのように浪費家になっていた。

訪問販売や催眠商法で商品を購入

「貯金と呼べるほどのお金は残っていませんでしたが、母ひとりなら父の遺族年金で食べていける。田舎は近所や親戚の助けもあるし、細々とならちゃんと暮らしていけるんですよ。母も頭ではお金がないことをわかってるはずなのに、おかしな見栄を張ったり、その場の勢いで高価なモノを買ったりする。挙句、私のところに助けを求めてくるんです」

当初は「一万円貸してほしい」といった程度の要求だった。それも急な葬儀の出費でやりくりができないとか、体調が悪くて通院したいがタクシー代が払えないなどと一応の理由があったため、美沙さんにしても受け入れないわけにはいかない。「一万円」と頼まれても母への情があり、つい「どうせなら三万円送るよ」などと言ってしまう。

ところが美沙さんからのお金を手にした母のほうは、「羽毛布団を買った」、「磁気治療器を使っている」などと思いがけない話を伝えてくる。

よくよく聞けば訪問販売や、高齢者を集めて巧みに煽る催眠商法で購入した様子だ。「お金もないのに何やってんのよ！」と怒る美沙さんに、母は「そうだよね、どうしよう、困ったねぇ……」、ボソボソと言うばかりでらちが明かない。

厳しく問い詰めると、「迎えの車が来て、ご近所さんが一緒に行こうと誘った」とか、「みんなが買ってるのに自分だけ買わないわけにはいかない」とか、体よく「人のせい」にする。とはいえ美沙さんにも田舎特有の人間関係がわからないでもなく、業者の巧みな販売戦略という事情もあるだろう。うまく騙され、意に反して買わされた、そう考えれば一方的に責めることもできず、結局は助けてやらざるを得ない。

「二、三年、そんな状態がつづいたあと、主人と相談して母を引き取ろうかという話になったんです。兄は頼れないし、これ以上田舎で一人暮らしをさせるのは心配。どうせお金を送っているんだから、同居して面倒みたほうがいいと考えました」

　ちょうど美沙さんの子どもが独立して部屋が空いた。当時七六歳だった母に同居の話を持ち掛けると、「少し考えさせてくれ」と言う。ずっと田舎で暮らしてきた人が老いて見知らぬ土地に行くのは不安に違いない、そう慮《おもんばか》って返事を待ったが、母の意向は一向にはっきりしなかった。

　一年が過ぎたころ、母が風邪をこじらせて入院した。看護師という仕事柄、高齢者の入院が寝たきりにつながりやすいことを知る美沙さんは、「いい機会だからこっちに来なさい」と強く迫った。母も気弱になっていたせいか、素直に「うん」と言ったため、美沙さん夫婦は急いで同居の準備を進めた。

　母の居室やトイレをバリアフリーにリフォームし、専用のベッドとテレビも購入した。準備万端整えて迎え入れようとした矢先、退院した母から電話がかかってきた。「犬がいるから、やっぱり行けない」と言うのだ。

「はっ？　犬？　私はさっぱり事情がわからない。慌てて帰省して実家に駆け込むと、確かに犬が二匹いるんですよ。理由を聞いたら、兄が飼っていた犬を譲り受けたという。自分の暮らしさえ危うい年寄りに犬を押しつける兄も兄だけど、それをまともに相手する母も母。あのときはさすがに目の前が暗くなって、二度とこんなバカな人たちと関わりたくないと思いました」

同居のための準備は水泡に帰した。支払ったリフォーム費用を悔やむ美沙さんに、「いずれ俺たちが必要になるんだからいいじゃないか」、そう夫が慰めの言葉をかけてくれた。「主人の思いやりに救われました」と話す美沙さんだが、一方で自分たち夫婦の思いやりが通じない母への苛立ちも募るばかりだった。

お金がないという弱さこそ最強の武器

前妻と離婚した兄は、美沙さんが知らないうちにたびたび実家を訪れていたらしい。母を思ってのことならともかく、「犬の件」からもあきらかなように自分勝手な理由から近づいた、そう美沙さんは考えている。

トラブルメーカーの兄とは縁を切るように繰り返し進言しても、母は「少し考えさせてくれ」と言うばかり。以前の同居話のときもそうだった、そんな気持ちでなお苛立ちと怒りが募っていく。

「他人が家に入れば少しは母が変わるかもしれないと思って、五年前に介護申請をしたんです。最初は要支援一、今は要支援二で、ヘルパーさんやデイサービスのお世話になってます。もちろん助かってるんですけど、母は相変わらずおかしな見栄を張り、必要のないモノをどんどん買うんですよ」

たとえば訪問介護の日、母はヘルパー用の茶菓子を準備する。むろんそんな必要はないのだが、「近所はみんな出している」と言い張り、今日はどら焼き、次回はフルーツゼリーなどと余計な気遣いを見せたりする。

デイサービスは本来リハビリやレクリエーションを行う場だが、母は地元の高齢者の社交場のように考えている。周囲の目を意識してか、いそいそと化粧をし、季節ごとに新しい服を着て出かけていく。

茶菓子や洋服程度で目くじらを立てるのは大人げないと思いながらも、そういう出費が積もるほど母からの無心が増えてくる。おまけにその金額は、一万、二万という額ではない。突然電話がかかってきて、「お風呂のガス釜を交換したから、今週中に○○工事店に二〇万円振り込んでほしい」などと言うのだ。

「そんな要求は断ればいいじゃないかと言われるでしょうね。私だって何百回も考えましたよ。だけど現実はそう簡単な話じゃない。たとえば工事店というのは、地元のお店で私も顔なじみなんです。当の工事店からも電話がかかってきて『ついでにドアの建付けも修理したけど、これはサービスだから』なんて言われちゃう。払わなかったら先方だって困るわけだし、私も田舎育ちのせいか、人様に迷惑をかけるわけにはいかない、そんな気持ちが染みついているんです」

母の新しい洋服は、巡回販売で購入したものだ。業者がトラックに衣類や生活雑貨を積んで地域をまわり、集会場で販売する。あらかじめ告知があるため地元の高齢者は誘い合って出かけていき、互いに「あら、この服がいいわよ」、「私も買おう」などと競うように購入するという。

「どれほどおばあさんになっても、女って見栄があるんでしょうね。母はここで着物や帯まで買ってます。そんなのどこに着ていくんだと怒ったら、『死んだとき、棺桶に入れてほしい』と言う。自分のお金で買ったのならご自由にって話だけど、ローンの支払いは私が助けてるんですよ。それを火葬場で燃やされたらたまらない」

お金の問題は本当に厄介……、美沙さんはうつむきながら指で眉間をもんだ。母はすでに九〇歳、せいぜいあと数年の我慢だと自分に言い聞かせてここまできたが、最近になってあらたな暗雲が垂れ込めているという。

「母がね、兄のことをよろしくと言い出したんです。離婚して独り身の兄も六七歳の高齢者、仕事に失敗しつづけてるからお金もないし、年金だってもらえているんだかどうだか。母の上に、万一兄まで背負いこんじゃったら、私と主人の老後は地獄にまっしぐらでしょうね」

骨の髄までしゃぶられそうで怖い、そう言った美沙さんのつらさを知ってか知らずか、母は兄から譲り受けた老犬二匹との散歩を日課にしている。デイサービスでカラオケを楽しみ、巡回販売で服や靴を物色し、近所の高齢者仲間とのおしゃべりに花を咲かせる毎日だ。

過去の苦労が報われてよかった、そう喜んでやりたいが、心の奥には母への嫌悪がじわじわと広がる。「お金がないから助けてほしい」、その弱さこそが最強の武器のような気がして、美沙さんの悩みは深まるばかりだ。

第3章　お金と仕事と希望――、介護で自分の人生が消えていく

毎朝のオムツ交換とパジャマ交換

古い建物が軒を連ねる住宅密集地。三DKの賃貸アパートのダイニングには介護用ベッドが置かれている。中腰の姿勢を取った村山真紀さん（五八歳）は、寝たままの母の臀部を片手で支えながら、もう片方の手で汚れた紙オムツを引き抜いた。

筋肉の落ちた体は骨ばり、所々シワが寄っている。その隙間に入り込んだ汚物はある部分が乾いて、別の部分は粘着して、老いた皮膚に茶色くへばりついている。

真紀さんは手早く清浄綿を動かして、陰部やお尻まわりを清拭した。新しい紙オムツへの交換作業を終えると、汚物が染みたオムツのほうは小さくたたんでゴミ袋へ。毎朝の慣れた作業で手際がよくなったつもりだが、プーンと鼻をつく特有の臭いが狭いダイニングに立ち込める。

あわてて換気扇をまわすと、今度はパジャマの交換だ。マジックテープで止める前開きタイプの介護用パジャマだから脱ぎ着はさせやすいが、肝心の母が体勢を変えようとしない。ちょっとでも体の向きを変えたり手足を浮かせてくれたりすればいいものを、機嫌の悪さを見せつけるようにわざとらしく体重をかけてくる。

母の頑なさは、昨夜の諍いのせいだろう。真紀さんが受けたパート仕事の選考結果が届いたが、結果は不採用だった。面接のときに「母を介護している」と言ったのが悪かったんじゃないか、思わず出た真紀さんの言葉に母は不貞腐れ、つまらない嫌味ばかり言う。そんな母の態度と不採用という現実が響き、真紀さんもつい声を荒げて親子ゲンカになった。怒りや苛立ち、拭いきれない不安、さまざまな感情で一夜を過ごしたが、こうして朝が来ればいつもと同じようにオムツ交換をしなくてはならない。

八三歳の母は要介護二、心臓疾患と歩行障害を抱え、週に三日デイサービスへ通っている。だから母の留守の三日間、日中のパート仕事で定期収入を得たいと思っていた。「短時間でＯＫ」、「出勤日は自由に選べます」、そんな求人広告を見つけては応募を繰り返すが、六〇歳間近の自分の年齢のせいなのか、それとも別の理由なのか、期待するような結果がなかなか出ない。

家族は真紀さんの弟（五五歳）と妹（五一歳）を含めて四人。このうち正規で働いているのは、配送会社に勤務する弟だけだ。月当たりの世帯収入は弟の手取り約二〇万円と母の年金一二万円、それに真紀さんが月に数回働く単発アルバイト収入を合わせておよそ三五万円。一見支障なく思えるが、その内実にはさまざまな問題が潜んでいる。

「私と弟はずっと独身、妹は一度結婚しましたが子どもができず、九年前に離婚して出戻ってきました。本当なら子ども全員で働けばいいんですけど、妹は離婚時のゴタゴタからうつ病になり、今も半分ひきこもりみたいな生活です。実は私もパニック障害を経験していて、体力が落ちたり、ストレスが増えたりすると具合が悪くなってしまうんです」

家賃は弟が支払うが、車や家電製品などのローン返済に追われる上、「家には寝に帰るだけ」という理由でそのほかの負担は拒んでいる。食費に光熱費、医療費といった日々の出費は、真紀さんのアルバイト収入と母の年金で賄う。

姉妹の国民年金や健康保険料もここから出され、母の年金で子どもの年金保険料を払うという皮肉な現実。少しでも節約したいからと、真紀さんはいまだにスマホを持たず古いガラケーを使いつづける。

「最近、過去を振り返ることが多いんです。人並みに結婚していたら、資格でも取っていたら、もっとメンタルが強かったら……、そんなふうに次々考えます。自分への後悔や反省点はたくさんあるんですけど、同じくらい母への複雑な思いもあって。今さら親を責めるような真似はできないけど、散々ひどい目に遭わされた人の世話をするのはやっぱりキツイですね」

疲れた顔で吐き出すと、ふと思い詰めるように眉根を寄せた。

銭湯代にも事欠いた日々

真紀さんが一一歳のときに両親は離婚。母は三人の子どもを育てるため、平日は社員食堂の調理員、休日はゴルフ場のキャディーをして働いた。早朝から家を空ける母に代わり、真紀さんは家事や弟妹の世話をする。長女として母を助けることは仕方ないと思えたが、そこには不快でおぞましい経験があった。

「母はお金もないくせに、ヒモみたいな男と次々につきあう。朝、私が起きると知らない男が裸で寝てるとか、しょっちゅうありました。たいていろくでもないヤツで、酒癖が悪かったり、賭け事が好きだったり」

母の留守中は何かと心細い。加えて家族でもない男がのさばれば、子ども心に緊張や不安が募る。そんな真紀さんには、さらに別のつらさもあった。母が男にお金を貢ぐため、子どもたちの生活が困窮するのだ。

当時、給食費や修学旅行費などは集金袋に入れて学校へ持参していた。期日になっても払えない真紀さんは、教室の隅で身を縮め、教師の冷たい視線を浴びるしかない。

自宅の木造アパートには風呂がなかったが、銭湯代にも事欠いた。新しい服や流行りの文房具、友達が持つレコード、年頃の女の子がほしいものはどう願っても手が届かない。学校では「臭い」、「貧乏人」と残酷な言葉でいじめられ、家に帰ればろくでもない男が待ち構えた。思い余って母に助けを求めても、「ふーん」と生返事でまともに取り合ってはくれない。

我が子の苦しみは無視するくせに、男に対する母の執着は異様なほどだった。取っ組み合いのケンカをするような相手でも、なぜだか急に甘えて媚びた態度に変わる。真紀さんの前で男にしなだれかかると、下着をはだけて胸をまさぐらせたりした。

母の興奮した息遣いや嬌声は、身震いするほど嫌だった。目の前で絡み合う男女のなまなましさは、目を覆いたくなるような不気味さだ。

おまけに母の機嫌の良し悪しは、男との関係次第だった。うまくいっているときには子どもたちにも優しいが、ひとたびこじれるとそのうっぷんをぶつけてくる。「てめぇ、このやろー」、「バカは死ね」、「出てけ、このガキは」、そんなふうに言葉遣いが変わり、つづいて手足が出てくる。

髪の毛をつかまれて部屋中を引きずり回され、倒れたところを力任せに蹴り上げられた。

ビール瓶で殴られたり、熱いラーメンのスープを浴びせられたり、夜通し戸外に出されたこともあった。

真紀さんはそのころの心情を、「死にたいと思ったことは数えきれない」と打ち明ける。

実家を出てからは「もう他人だった」

なんとか高校に進学した真紀さんはアルバイトで学費を払い、弟妹の生活も支えた。卒業の際には社員寮のある飲食店に就職し、一八歳で家を出た。当面のお金などほとんどなく、身の回りのものを持っただけだったが、寮の相部屋に置かれた二段ベッドが「天国みたいに感じた」という。

飲食店では五年間働いてお金を貯めた。二三歳になったとき、独立して店を構えるという職場の先輩に誘われて転職。和食店のサブマネージャーを任され、都会で一人暮らしをはじめた。

「勤めていたお店には上客が多かったし、職場の仲間とも気が合いました。ちょうどバブルだったので、みんなでディスコで踊ったり、旅行に出かけたり、ようやく『ＴＨＥ　青春』でしたね。何度か恋愛し、そのうちひとりの人とは同棲もしました。もちろん結婚を考えたんですけど、いざとなると今ひとつ踏み切れない。二八歳でお店を辞め、恋愛にも区切りをつけて、心機一転出直すことにしました」

そんな中でも年に数回は実家を訪れていたが、気持ちの上では「もう他人だった」という。弟妹は社会人になって独立し、母のほうは懲りずに男とくっついたり離れたり。ひとり変わらない母の姿を冷めた目で見ながら、真紀さんには秘めた決意があった。「母みたいな人間になりたくない。私は絶対に幸せになってやる」というものだ。

より良い仕事に就き、優しく誠実な男性と結ばれ、お金に苦労しない人生を歩む、そんな思いを胸に人材派遣会社に登録し、事務職として働きはじめた。とはいえ三〇歳近くになり、これといった学歴やスキルもない。いわゆる派遣ＯＬとしての活躍の場は限られ、ファイリング業務や伝票整理、棚卸の補助など職場を転々とすることになった。

自分の経歴を思えば仕事自体に大きな不満はなかったが、このころ真紀さんを悩ませたのがセクハラとパワハラだ。当時はこうした行為もさして問題視されず、挨拶代わりのボディタッチや卑猥な誘い、指導という名の暴言は珍しくなかった。

「私が派遣されていたある会社では、『夜の運動会』という名前の宴会がありました。女性の派遣社員は全員ミニスカートで参加させられ、男性社員の前でウサギ跳び競走をしたり、皮をむいたバナナを口移しで運ぶリレーをしたり。ジャンケンに負けると服を脱ぐ野球拳では、上半身裸になった女性が泣くのを上司が大笑いで見ることもあったんです」

そんな光景が繰り広げられるたび、真紀さんは強烈なフラッシュバックに襲われた。子どものころに見た母の痴態が蘇り、激しい動悸で胸が苦しくなる。

かつての勤務先だった飲食店でも、セクハラ的なことがなかったわけではない。自分だって恋愛や同棲をして性的な経験を積み、おとなとして割り切る部分も持っていた。それでも急に「男の人が怖い」という感情が込み上げ、金縛りにあったように全身が固まってしまうのだ。

派遣会社に異動を願い出たが、真紀さんのスキルや年齢に見合う職場はそう多くなかった。ようやく新しい派遣先が決まっても、ワンマン社長のパワハラや正社員とのあからさまな差別など、心にダメージを負うことがつづいた。

母の衰えと比例して生活苦に

四〇歳を過ぎたころ、真紀さんの精神状態は次第に悪化した。突然の呼吸困難や強烈な不安感に襲われ、今にも死んでしまうような恐怖でいてもたってもいられない。それでも収入が途絶えれば、独身の一人暮らしには死活問題だ。無理を重ねて働きつづけ、一日、また一日となんとか仕事をこなした。

経済的にも精神的にも綱渡りの真紀さんに追い打ちをかけるように、四五歳で派遣会社との契約が打ち切られる。わずかな貯金を切り崩しながら求職する中、体調が急変して入院を余儀なくされた。そこで突きつけられたのが家族の存在だ。

「家族に入院保証人になってもらう必要があったんです。弟と妹には断られ、やむなく母に頼んで当面のお金も借りました。そのとき、『一緒に住もうか』と言われたんです。母も七〇歳になって男との腐れ縁も切れていたし、私のほうはひとりで生きることに限界を感じてた。実家近くで一人暮らしをしていた弟もまだ独身だったので、トントン拍子に話がまとまりました」

母と弟、それに地元に戻った真紀さんの三人で手ごろなアパートを借りた。体調が回復した真紀さんは近所の弁当店で仕事をはじめ、配送会社で働く弟と生活費を分担、掃除や料理は母がこなした。まもなく離婚した妹が加わって四人となったが、こたつで鍋を囲んだり、そろって花見に出かけたり、当初は和やかな時間も多かった。

余裕のあった暮らしが一転したのは四年前だ。母が心臓疾患でバイパス手術を受け、術後には合併症を起こして三ヵ月近く入院。翌年には転んで腰を骨折し、歩行障害が出るようになった。

当時住んでいた部屋は二階にあり、母ひとりでは上り下りができない。歩行器や車椅子を使うことも考えて今の住まいである三ＤＫのアパートに転居したが、母の衰えと比例するように一家の生活は厳しくなっていく。

「たとえば医療費と一口に言っても、治療費や薬代、入院中の差額ベッド代、リネン費（タオルなどのリース料）や病室のレンタルテレビ代、通院のときに使うバス代やタクシー代、とにかく次々にお金が出ていきます。出費も問題なんですが、母の通院や外出時には誰かが付き添わないと危ないから私が仕事を休む。そのぶん収入が減るし、こちらも体力や気力を使ってすごく疲れるんです。それまでの仕事はつづけられなくなって、単発の日雇いアルバイトに変えました。そうしないと、家事や看病との両立、急な時間のやり繰りができなかったんです」

夜中に何度も起こされ睡眠不足に

医療に引きつづいての介護にも、お金や時間、労力が必要だ。介護保険を利用しているとはいえ、電動ベッドや歩行器、トイレ用の手すりといった福祉用品のレンタル代、デイサービスの利用料、紙オムツなどの日用品には一定の負担額が課せられる。介護用のパジャマや食器、介助食などは便利な反面、価格が割高でやはり家計を圧迫する。

在宅介護では、室温管理のための冷暖房費の負担も大きい。猛暑の夏には昼夜を問わずクーラーをつけっぱなしにするので、「電気料金がビックリするほど高い」と真紀さんは嘆息する。

目に見えやすい負担だけでなく、いざ介護をはじめて知った負の部分も大きいという。母の体位交換や車椅子への移乗で腰を痛め、夜中に何度も起こされて睡眠不足になる。

「特に睡眠不足は心身ともにダメージが大きいです。頭は働かない、ちょっと動いただけで息切れする、疲れているのに眠れない、いろんな問題が出てきますね。こっちはフラフラになって、それでも歯を食いしばりながら介護をしているのに、母のほうは愚痴と文句と自己チュー発言をするだけ。私は介護をはじめて一気に白髪だらけになり、体重も一〇キロ近く落ちました」

三人の子どもがいるのだから三分の一ずつ負担できればいいが、現実にはむずかしい。むしろ三人がそれぞれ不満を抱え、いがみ合うことが増えた。

仕事で疲れた弟は、一向に働こうとしない妹に怒りをぶつける。「てめぇは出てけ！」、そんな罵声を浴びせられた妹は頭を抱えてうずくまり、ぐすんぐすんと子どものように泣きじゃくる。

そうかと思うといきなり攻撃的になり、「アンタのせいだよ！」と目を剝いて母に殴りかかろうとする。「子どものころに受けた傷がどれほど深かったか。そのせいで離婚し、心を病み、人生が台無しになった。今こんなに惨めでつらいのはアンタのせいだ」、そう母に恨みをぶつけて体を震わせるのだ。

「弟の気持ちも、妹のつらさもわかってやりたいけれど、正直そんな余裕は全然ありません。むしろ、冗談じゃない、一番つらいのは私だよって爆発しちゃうんです。なんだかんだ言ったって、弟には仕事という逃げ場があるでしょ。妹だってうつ病は確かにつらいだろうけど、病気を理由に母の介護は私に押しつけられる。子どもが三人もそろっていても結局バラバラだし、お互い憎み合ってドロ沼になっています」

さらに真紀さんを苦しめるのが、母から投げられる言葉の数々だ。愚痴や文句を繰り返されるだけでもしんどいのに、真紀さんの人生を否定するようなことを言われるからたまらない。

「苦労して育てたって、なんにもいいことありゃしない。子どもなんか置いて、どんどん好きな男と生きていけばよかった」

「あんたなんか結婚もできなくて男の味もろくに知らないくせに、偉そうなこと言うんじゃないよ。派遣会社をクビになったとき、私が助けてやったからいいものを、そうでなきゃホームレスにでもなってたね」

まるで自分が立派に生きてきたかのようなこの口調はなんだろう。この人は、娘がどれほど苦労して、つらい経験を重ねてきたのか想像すらしないのだろうか。あまりの言い草にはらわたが煮えくり返り、「殺してやろうか」、黒々とした感情が込み上げる。

そんな気持ちを止めるのは理性や愛情ではなく、お金という名の現実だ。介護の合間のアルバイト収入では安い単身用アパートさえ借りられず、保証人のあてすらない。

「母の言い草にはすごく腹が立つんです。だけど、今の暮らしとか、この先のことを考えると……」、言い淀む真紀さんの視線は複雑そうに揺れる。

二ヵ月に一度、母の年金支給日に束の間安堵しても、すぐに大きな不安が押し寄せる。

母の介護度が上がれば自分の心身が危ういし、今でさえギリギリの暮らしは立ち行かなくなるだろう。母が亡くなって年金収入が途絶えたら、いったいどんな転落が待っているのか。

「あと一〇年もすれば自分が高齢者の仲間入り。でも、母と違って私には子どももお金もありません。昔、毒親だった人が子どもに世話されて、なのに子どものほうは全然報われない。これが現実かと思うと、生きる希望なんてないですね」

子世代の未婚化と貧困化

現状、真紀さんは「介護と引き換え」のような形で母親の年金に頼る生活を送っている。その葛藤や不安は察するに余りあるが、似たような状況は今後増加する可能性が高い。

理由のひとつは子世代の未婚化と貧困化だ。総務省の調査（二〇一六年）では、三五～四四歳の「親と同居の壮年未婚者」が二八八万人、四五～五四歳の「親と同居の高年未婚者」が一五八万人、両者の合計は四四六万人に上る。

このうち、「基礎的生活条件を親に依存している可能性がある」のは壮年未婚者が五二万人、高年未婚者は三一万人で計八三万人。「親に依存」と言っても、子どもが五〇代なら親も七〇代や八〇代だろう。病気や介護が生じることは十分考えられるし、親が亡くなって年金収入が途絶えれば子どもの生活が破綻する恐れもある。

また、「ひきこもり」の高年齢化も大きなリスク要因だ。真紀さんの妹もそのひとりだが、内閣府の全国調査（二〇一八年一二月）では、ひきこもり状態にある人のうち四〇〜六四歳が約六一万人と推計された。四〇代が三八％、五〇代が三六％、六〇代前半が二六％と五〇代以降の人が約六割に達する。ひきこもりの期間が五年以上に及ぶ人が半数を超え、二〇年以上という人も二割弱を占めている。

長期間、そして高年齢化するひきこもりの人には「八〇五〇問題」が指摘されている。八〇代の親が、長期間ひきこもる五〇代の子どもを支えきれなくなり、親子共倒れになるという問題だ。

二〇一八年一月、北海道札幌市のアパートで暮らしていた母親（八二歳）と娘（五二歳）が遺体で発見された。二人の死因は低栄養状態による低体温症、長年ひきこもり状態だった娘は、母親の死後に衰弱死したとみられている。

同年五月には、神戸市北区に住む女性（六二歳）が母親（九三歳）の遺体を放置して逮捕。八月には長崎市内のアパートで母親（七六歳）の遺体が見つかり、ひきこもりだった息子（四八歳）が死体遺棄容疑で逮捕された。こうした事件は「八〇五〇問題」の氷山の一角とされ、親の老いが子どもの生活破綻に直結する家庭は潜在的に相当数あるだろう。

さらに、「親子共倒れ」のリスクは未婚や貧困、ひきこもりの子どもに限った話ではない。正社員として働き、結婚し、経済的にも精神的にも自立していた子世代が、親の介護をきっかけに社会からドロップアウトする問題も深刻化する。とりわけ大きな問題は「介護離職」だ。

年間約一〇万人もいる介護離職者

介護離職とは、親や家族の介護を理由に退職したり、失業したりすること。退職後に収入が減る、社会とのつながりが途切れて孤立する、介護を終えたあとの再就職がむずかしいなどさまざまな弊害が生じる。

総務省の『平成二九年就業構造基本調査』によると、二〇一六年一〇月～一七年九月までの一年間の介護離職者数は九万九千人。このうち男性は二万四千人、女性が七万五千人と約八割を占めている。

離職者の年齢別では六〇代が三〇％、五〇代が三七％、四〇代が一八％、いわゆる働き盛りの四〇代と五〇代が合わせて五五％と離職者全体の半数以上だ。一度介護離職したあとに再び就労できたのは二五％、四人に一人に過ぎない。

介護離職は経済的、精神的な問題だけでなく将来設計にも大きな影響を与えるが、ではいったいなぜ仕事を辞めざるを得なくなるのか。明治安田生活福祉研究所とダイヤ高齢社会研究財団の『仕事と介護の両立と介護離職』（二〇一四年）から、その実態の一部を挙げてみよう。

介護がはじまった時期から勤務先を辞めるまでの期間では、「一年以内」が男性で五五・八％、女性は五八％とともに過半数を占める。

離職の理由でもっとも多いのは「自分以外に親を介護する人がいない」（男性二六％、女性二一・三％）、次に「自分で親の介護をしたかった」（男性一二・一％、女性二〇・六％）となっている。

一方、「仕事と介護の両立に限界を感じた（体力的＋精神的）」のは男性で一一・四％、女性が一六・一％。仕事をつづける意欲や経済的不安はあっても、介護しながら働くのは厳しい実情が浮かび上がる。

では実際に介護離職した人、それも毒親のためにそうせざるを得なかった人はどんな苦しみを抱えているだろうか。

図2　就労していた人が介護を理由に離職するまでの期間

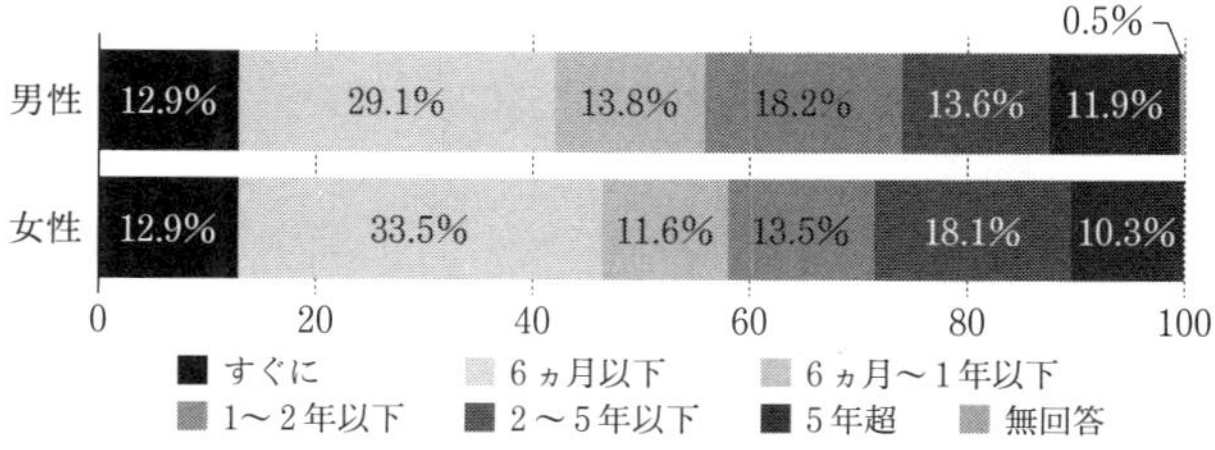

男女とも「1年以内」に5割以上の人が離職している。

図3　介護離職のきっかけ

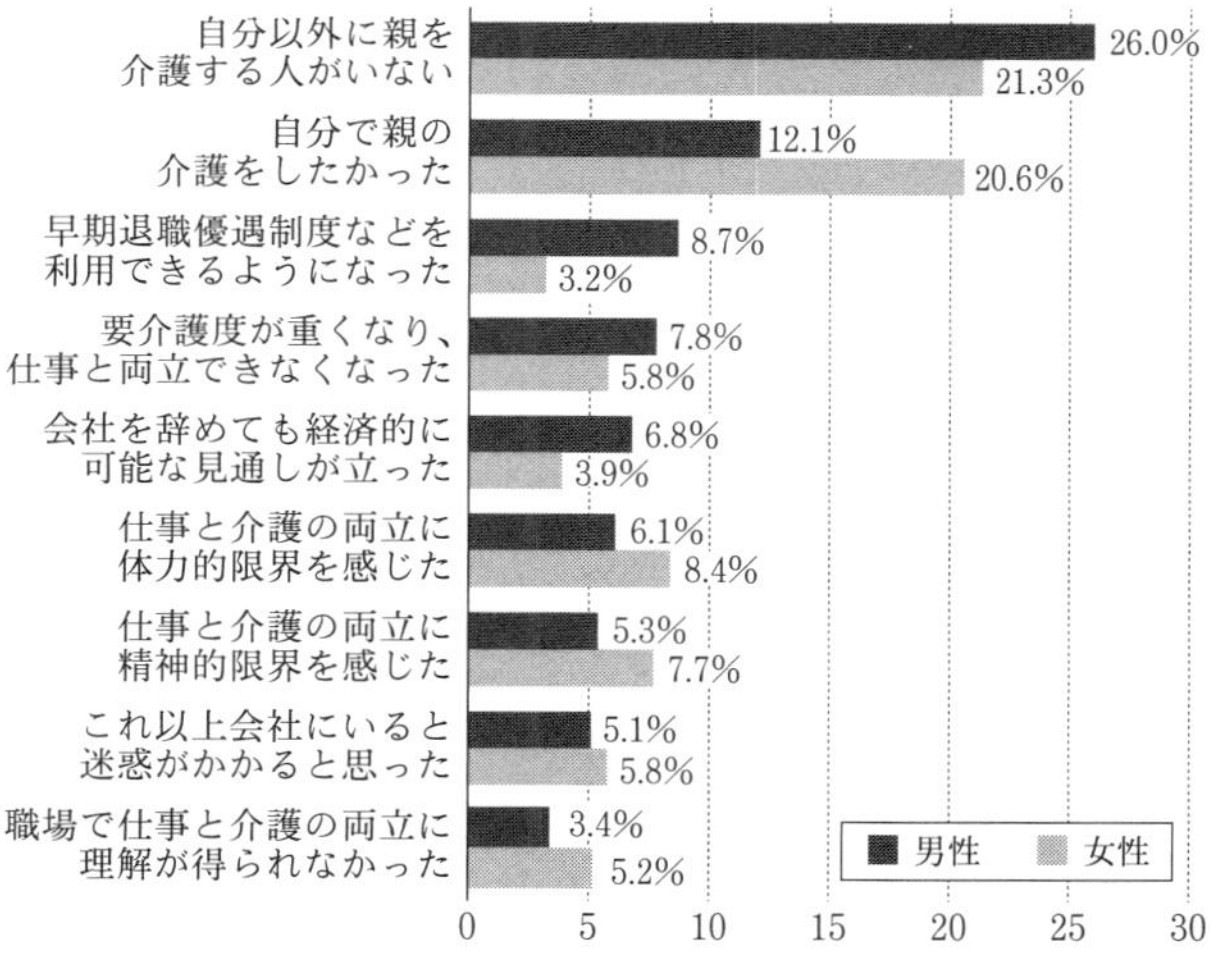

介護離職をした人の最大のきっかけは「自分以外に親を介護する人がいない」。一方、「これ以上会社にいると迷惑がかかると思った」（男性・5.1%、女性・5.8%）「職場で仕事と介護の両立に理解が得られなかった」（男性・3.4%、女性・5.2%）など、職場の無理解やプレッシャーによって離職を選んだ人も少なくない。

出典　上下とも『仕事と介護の両立と介護離職』（明治安田生活福祉研究所・ダイヤ高齢社会研究財団、2014年）

両親ともアルツハイマー型認知症に

東京湾に面した千葉県南部、駅舎からつづく商店街にはシャッターを下ろした店舗が目立つ。以前は買い物客で賑わったという通りも今は人影まばら、色あせた看板やネオンサインがいっそう寂れた雰囲気を醸し出す。

「このシャッター商店街を見るとね、自分の今の生活と重なっちゃうんですよ。あー、もう社会に必要とされてないんだな、誰も見向きもしないだろうなって。あと何年、介護がつづくかわからないけれど、終わったころには精根尽き果てて、お金も残ってないかもしれないですよねぇ」

村本朋子さん（五六歳）は薄く笑うと、荒れた手指をさすりながらため息をつく。かつてはその手指を使って、年収六百万円を稼ぐ売れっ子美容師だった。それが今では化粧もヘアケアもせず、着古したTシャツ姿で介護に追われる日々。両親はともにアルツハイマー型認知症で、八五歳の父が要介護一、八〇歳の母は要介護二だ。

東京の美容サロンで雇われ店長をしていた朋子さんの生活が一変したのは六年前、五〇歳のときだった。当時七四歳だった母が階段で転倒、両手首を骨折し入院したことにはじまる。

もともと朋子さんの両親は理容師で、商店街の自宅兼店舗で理容店を営んでいた。母の入院時は開店休業状態だったため当人の仕事に影響はなかったが、朋子さんのほうは働き盛りで責任のある立場だった。

「知らせを受けて、ひとまず数日のつもりでお休みをもらい、実家に戻ったんです。でも入院中の母は『家に帰る』とか、『ここにいたら変なことされる』とか、やけに興奮してわぁわぁわめいている。あとから考えれば、そのときすでに認知症がはじまっていたんでしょう。ただ私はずっと離れて暮らしてたし、過去の暴力的な態度のこともあったから、単にイライラを発散しているとしか思えませんでした」

朋子さんが言う「過去の暴力的な態度」とは、子ども時代にさかのぼる。

父は寡黙でマイペース、一方の母は気が強くて男勝りだった。商売としてはバランスの取れた夫婦だったが、家庭の中では「無関心な父とキレやすい母」に変わった。とりわけ母はしつけと称し、幼い朋子さんにしばしば暴力をふるった。

「ご飯を食べるのが遅い、不貞腐れた顔をした、生意気なことを言った、理由はなんでもアリなんです。うちの母の場合、素手ではなくモノを使うんですよ。よくしなる竹の物差しとか、木製のごっついハンガーとか、ときには鉄のフライパン。そういうモノで太ももやふくらはぎ、背中やお尻を何十回も叩かれました」

暴力だけでなく暴言もひどかった。役立たず、近寄るな、おまえなんか死ねばいい、そんな言葉を浴びせながら鬼のような形相でキレまくる。一方の父はいつも見て見ぬふり、激しく叩かれ悶絶する朋子さんの横で、平然とプロ野球中継を見るような人だった。

そんな両親が変わったのは朋子さんが一四歳のときだ。朋子さんには二歳年下の弟がいたが、中学校入学の直前に肺炎で亡くなった。跡取り息子の突然の死に落胆した両親は、ある宗教に救いを求める。そこで「自分たちの行いが災いを招いた」と告げられて以降、ずいぶん優しくなったという。

とはいえ朋子さんのほうは、そう簡単に割り切れるものでもない。表面上はふつうの親子のようにふるまったが、心の奥では母に対する憎しみ、父への不信感を拭えなかった。

美容学校への進学を機に家を出てからは、「忙しさ」を理由にほとんど連絡もしなかった。だが二四歳で結婚し、翌年娘を出産してからは、実家と関わる機会も徐々に増えていく。

「美容師を天職と思っていたので、出産後もフルタイムで働いていたんです。ただ長時間勤務で休みも少ないし、保育園だけでは回らないことも多い。仕方なく娘を実家に預かってもらうことがありました。私には鬼のようだった母も、孫である娘にはふつうのおばあちゃんだったので、昔のことは胸にしまって現実を優先させたんです」

朋子さんは同業の夫と三二歳で離婚、当時七歳だった娘と母子家庭になってからは、いっそう実家とのつながりが増えた。唯一の孫をかわいがる両親からは何度か同居話も出たが、決して首を縦には振らなかった。美容師としてのキャリアアップを目指していたし、なにより母への嫌悪を消せなかったからだ。

下半身丸出しでぶつぶつと独り言

両手首を骨折した母は、簡単な手術を経て二週間ほどで退院した。当初の予定どおり、数日の休みで仕事に復帰していた朋子さんだが、ほどなく娘からの緊急電話を受ける。朋子さんに代わって母の様子を見に行った娘が、「とんでもないことになっている」と言うのだ。

両手が使えない母は、食事に着替え、入浴や洗顔など生活のほとんどに誰かの助けが必要だった。箸や茶碗を持てないからご飯が食べられない、脱ぎ着をしたくても下着も服もつかめない、トイレに入ってもトイレットペーパーでお尻を拭けない、一事が万事そんな調子だ。「俺が面倒見る」、そう言った父を信じて当面任せるつもりだったが、老老介護はあっという間に破綻していた。

娘からの一報で駆けつけた朋子さんは、実家に足を踏み入れて愕然とした。下着もつけず下半身丸出しの母が、布団の上で何事かぶつぶつと独り言を言っている。布団のまわりには食べ散らかしたカップラーメンや弁当の容器が散乱し、父は血走った目で母を罵っていた。

「自分じゃパンツも下げられねぇんだから、はかせておけねぇよ」、「食えば（排泄物を）出すから食わしたくねぇ。こんなもん、ほっときゃそのうち死ぬよな」、荒い声を上げる父の精神状態は見るからに危なっかしい。

朋子さんは一ヵ月の休職を申請し、自宅から身の回りのものを取ってきてひとまず同居することにした。人手が足りない職場であり、店長としての責任や自分の指名客を考えれば一日の休みも惜しかった。それでも休職に踏み切ったのは、「おばあちゃん子」だった娘の言葉があったからだ。

当時、娘は結婚したばかりだったが、「お母さんが面倒見ないなら私が見る」と言う。娘の新生活や将来を思えば、むろんそんな負担はかけられない。加えて「お願いだからおばあちゃんに優しくしてあげて」とまで懇願され、引くに引けない状況になった。

「最初は母が回復すればどうにかなると思ってました。でも手首のケガよりも言動のほうがどう見てもおかしい。『テレビがつかない』と言うから様子を見ると、リモコンではなく懐中電灯を押して電源を入れようとしてる。『風呂に入れない』と騒がれて見に行くと、溜めたはずのお湯を全部抜いていて、しかも浴槽の中に空き缶が何個も入っている。えっ？　何これ？　と引いちゃうようなことが次々に起きたんです」

素人目に見ても、母は認知症ではないかと疑われた。ところが近所の人や理容店の馴染み客に会うと、会話も態度も今までと変わらない。新婚の娘が夫とともに訪ねてくると上機嫌でにこやかに応対する。「おばあちゃん、早く元気になってね」と言う娘に、「あんたも体に気をつけて。赤ちゃんが生まれたら私のひ孫だから、すぐにお祝いするからね」などと気遣いを見せるのだ。

手首を手術した病院にはリハビリのために通院していた。付き添う朋子さんは理学療法士に母の様子を相談してみたが、「ケガや入院のストレスで、一時的に混乱したんでしょう」と言われる。

そう言われればそんなものかと思い、なにより自分自身がそう思いたかった。なんとしても仕事に復帰したい朋子さんには、現実逃避のバイアスが働く。母の混乱には目をつぶり、ケガの回復にめどがついたところで実家を引き上げることにした。

休職してから一ヵ月、当初の予定通り職場に戻った朋子さんだが、待っていたのはサロン経営者からの退職勧告だった。「中途半端に休むより、一度退職して身辺整理をしたほうがいい。落ち着いたらまた戻ってくださいよ」と言われてしまう。自分のいない間、店を切り盛りしてくれたスタッフは味方になってくれたが、負担が増えている様子は見て取れた。

これからもみんなに迷惑をかけるかもしれない、退職しろと言われてまでしがみつくのもどうだろうか、そんな気持ちが募り、朋子さんは復帰から二ヵ月後に職場を去った。

そのタイミングに合わせたかのように、今度は父が腸の病気で緊急入院する。再び実家に駆けつける羽目になった朋子さんは、あらためて母の言動に異変を覚えた。

実家に戻り同居生活をはじめたが……

「そのころ母は元気になっていたので、家事や身の回りのこと、入院中の父を見舞うとか、一見すると一通りのことはできている感じでした。だけど言うこと、やることが所々おかしいんです。たとえばご飯の支度をはじめると、途中で急にやめちゃう。『疲れた』と言うから私が代わると、『あんた、何やってんの！』と急に怒り出したり。スーパーに買い物に行くと、あれも食べたい、これも食べたいってどんどんモノを買って、食パンを一袋、バナナを一房、いきなり全部食べちゃうとかね」

父の主治医に母の様子を話してみると、かかりつけの病院で診察を受けるよう勧められた。朋子さんもそのつもりでいたが、当の母は「お父さんが退院してから」、「私はどこも悪いところはない」などと言うばかりで一向に動こうとしない。

そうこうしているうちに父が退院し、自宅での療養がはじまる。経過は思わしくなく、下痢と便秘を繰り返してげっそり痩せ、次第に精神状態も不穏になった。おまけに下痢のときにはトイレが間に合わず、ときどき失禁してしまう。その失敗がさらにストレスを招くのか、急に大声を張り上げたり、モノを投げつけたりする。

やむなく朋子さんは住んでいた都内の賃貸マンションを引き払い、本格的な同居生活をはじめた。

「長期戦になるかもしれないと思いながら、そのときはまだ前向きな気持ちでした。美容師としての技術と経験には自信があったし、フルタイムは無理でもパートなら働けると。

親への感情は決していいものではなかったけれど、だからこそ早めに介護体制を作って、できるだけ他人に任せようと思ったんです」

寂れた街での再スタートに不安はあったが、自分ひとりが食べていく程度はできるだろうと考えた。そもそもなにかしらの手段で収入を得なければ、今後の生活が立ち行かない。実家に戻れば近所の人や古くからの友人など顔見知りも多く、地元の介護情報も手に入りやすい。実際、友人から地域包括支援センター（注①）に相談するよう教えられた。

朋子さんは早速出向いて両親の今後について相談した。その結果、介護保険の申請をするよう勧められ、必要な手続き（注②）について説明を受ける。説明を要約したパンフレットも渡されたが、目を通しながらその内容の一部が気になった。〈介護認定調査員が本人の心身状態や生活状況を訪問調査〉、〈主治医の意見書〉などの文言に嫌な予感がする。予感は的中し、母は調査員との面会も病院での診察も頑なに拒んだ。

注①　地域包括支援センター＝高齢者への総合的な生活支援の窓口となる地域機関。市区町村または市区町村から委託された法人が運営し、主任介護支援専門員（主任ケアマネジャー）、保健師、社会福祉士が配置されている。介護予防の拠点として高齢者本人や家族からの相談に対応し、介護、福祉、医療、虐待防止など必要な支援が継続的に提供されるように調整する。

注②　介護保険の申請手続き＝居住する市区町村の窓口、または地域包括支援センターで要介護認定（要支援認定を含む）の申請を行う。申請後は市区町村の職員などから訪問を受け、聞き取り調査（認定調査）が行われる。また、市区町村からの依頼により、かかりつけの医師が心身の状況について意見書（主治医の意見書）を作成する。その後、認定調査結果や主治医意見書に基づくコンピュータによる一次判定及び、一次判定結果や主治医意見書に基づく介護認定審査会による二次判定を経て、市区町村が要介護度を決定する。

ヒートアップして何度も母を殴った

介護保険を申請するために必要な「聞き取り調査（認定調査）」では、訪問した調査員との面会を拒んだり、たとえ面会しても「介護なんかいりません」などと元気な様子を見せる高齢者が少なくない。朋子さんの母も同様で、あるときは頭から布団をかぶって起きようとしない、また別のときにはトイレから出てこないと徹底的に面会を拒んだ。

幸い調査員はこういうケースに慣れているようで、まずは「家族の意見」という形で朋子さんから聞き取りを行った。さらにしばらく日数を置いてから、今度は「町内会の高齢者アンケート」という名目で母との面会をしてくれた。こうして最初の問題はクリアできたが、「主治医の意見書」を作成してもらうための診察は難航する。

「健康診断に行こうとか、以前のケガの様子を見てもらおうとか、いろいろ話を振りましたが全部ダメ。地域包括支援センターの人が母を説得にきてくれたこともあったけど、『結構です』と言うだけでまったく動こうとしない。担当者からは、主治医の意見書がなければ介護保険の申請自体ができないと言われて、本当に焦りました」

自分だけでは母の態度を変えられない、そう思った朋子さんは娘や地元の友人に事情を打ち明け、母を説得してもらうことにした。娘夫婦や友人が入れ代わり立ち代わり母に受診を勧めたが、ある晩、予想もしなかった事態が起きる。深夜、寝ていた朋子さんは母に首を絞められたのだ。

「アンタ、あたしの恥を他人にさらしたね」

「ずっと我慢してきたけど、もうこれ以上は許さないよ」

興奮し、しゃがれた声を張り上げる母は、高齢者と思えないほどの力だ。恐怖を覚えた朋子さんはあわててその手を振りほどくと、思いきり突き飛ばした。それで収まるかと思ったが、母は逆上して再び襲いかかってくる。

「ああなったら、相手が年寄りとか思えないですよ。理性なんか働かないし、落ち着いて話し合うとかあり得ない。お互いに叩いたり蹴ったり、途中で意識飛んじゃうみたいな感じで私も必死でしたね」

母に襲われながら、ああ、子どものころにはずっと同じような目に遭わされたんだ、そんな感情が沸き上がった。許せないのはこっちだよ、おまえなんか死ね、いっそめちゃくちゃにしてやろうか――、反撃と復讐の気持ちが交じり合い、朋子さんはついヒートアップして何度も母を殴った。

「いい加減やめろ、死んじゃうぞ」

騒ぎに目を覚ました父が間に入った。気づくと母は布団の上でうずくまり、両手で顔を覆っている。

本格的な同居生活がはじまって三ヵ月、朋子さんは早くも挫折を覚えた。さまざまな制度や支援策はあっても、そこにつなげられなければどうにもならない。最初から何もないならあきらめるしかないが、「あるのに本人が拒む」となれば、母への怒りは増すばかりだ。

朋子さんはうずくまる母をそのままに、荒い息で言い放った。

「アンタがいつまでもグダグダしてたら、私の仕事はどうなんのよ！」

「ボケ老人が！　この役立たず。とっとと死ね！」

遠い日、母に吐かれた暴言を返して、憎しみを露わにした目で老いた体をにらみつづける。ざまあみろ、そんな思いの一方で、なぜだか気持ちは一向に晴れなかった。

介護に追われ、孤独に苛まれる日々

騒動の翌日、母は「目が見えない」、「首が痛い」と言い出した。瞼が腫れ上がり、白目は赤く充血している。首の痛みは、朋子さんとの格闘で受けた衝撃のせいだろう。法的には高齢者虐待にあたり、社会通念上も許されるものではないが、朋子さんにすれば追い詰められた末の発作的な行動だった。

不幸中の幸いか、目と首の痛みがきっかけで母は病院に出向いた。ケガの程度は軽く、診察の過程で介護保険の申請に必要な「主治医の意見書」を手に入れることもできた。加えて父のほうも申請手続きを進め、二ヵ月後に両親そろって介護認定が出た。

父が要介護一、母は要介護二。専任のケアマネジャーから「居宅介護のプラン作成をする」と言われた朋子さんは、「もう自分だけで背負わなくて済む」、「これで仕事も再開できる」と安堵した。

居宅介護とは、介護を必要とする人が自宅に住みながら受ける介護サービスを言う。具体的にはヘルパーに自宅へ訪問してもらう訪問サービスや、施設に通う通所サービスなど様々なメニューを組み合わせて利用するものだ。

「訪問介護やデイサービスの利用、自宅の階段や浴室に手すりをつけるとか、ケアプランはちゃんとしたものだったと思います。でも母は他人に身体介助されるのを嫌がるし、ヘルパーさんの好き嫌いが激しい。気に入らないヘルパーさんとは口もきかないんです。デイサービスも利用しましたが、まず迎えの車に乗るまでが一苦労。『乗らない』と言って道路に座り込むので仕方なく家に連れ帰る。他人に介護を任せるって、言うほど甘くないなと痛感しましたね」

一方の父は訪問介護やデイサービスを抵抗なく受け入れたが、次第に失禁がひどくなった。腸に持病があるから仕方ないことだが、他人の前では我慢するのか、失敗は夜中や朝方など自宅にいるときに集中する。紙オムツを着用させても勝手にはずしてしまったり、目を離した隙に汚れたオムツを隠すようになった。

押し入れの中、座布団の下、タンスの奥、さまざまな場所から使用済みの紙オムツが何枚も出てくる。汚物がついたまま無理に押し込まれたせいで周囲にも汚れが広がり、朋子さんは見つけるたびに怒りと落胆に包まれた。

「たとえば押し入れの布団の間に隠されると、オムツを捨てるだけでは済まない。便がついた厚手の敷布団なんかは洗えないし、どうすんだよって頭に血が上ります。ホットカーペットの上で失禁されれば、今度はホットカーペットがダメになる。買い替えるにはお金が必要で、ああ介護ってこういうふうにどんどん問題が起きるんだ、と気持ちが折れちゃいますよ」

当初の予定では介護の体制が整い次第、仕事を再開するはずだった。美容関連の情報をチェックし、条件に合いそうな求人広告もピックアップしていた。だが現実には予期せぬ事態が次々に起きる。両親の行動に振り回され、体力に気力、時間を奪われ、予定を立てられず、自分のことは後回しにせざるを得ない。

とりわけ朋子さんを苦しめたのは、孤独だった。以前はたくさんのお客さんと接し、さまざまな刺激や喜び、やりがいがあった。美容サロンの同僚や美容師仲間と交流し、食事会や旅行も楽しんだ。

いつでも周囲に人がいる、そんな環境で生きてきた朋子さんにとって、今の暮らしはあまりにむなしい。ヘルパーやケアマネジャーとの関わりがあるとはいえ、排泄が、歩行が、刻み食が……、そんな会話は楽しめるものではない。

両親、特に母との会話はストレスばかりだ。ご飯を出すと「これ何？」と聞かれ、説明するとまた「これ何？」。何度かそんなやりとりをしてようやく食べはじめたと思ったら、「これまずい」と突き返してくる。「だったら食べないでよ」と食事を下げれば、「ご飯ちょうだい、ご飯ちょうだい」とわめかれ、それが毎日のように繰り返される。

誰かとふつうの話がしたい。外の空気を吸いたい。仕事をしたい。お金を稼ぎたい。こんなところで自分をすり減らしたくない。

孤独に苛まれ、身を焼かれるような焦りを覚える日々がつづいた。

貯金がどんどん減っていく

このままでは自分が壊れる、そう感じた朋子さんは施設入所を検討した。ケアマネジャーとも相談したが、結果的には断念せざるを得なかった。

費用が安いとされる特別養護老人ホームでも、一人当たりの総額費用は月に約一〇万円。

仮に両親そろって入所させれば、毎月二〇万円の出費が見込まれる。一方、自営業だった両親には国民年金しかなく、実質的な収入は二人合わせて月に一〇万円だ。

「それでも親が施設に入れれば私は仕事ができる。足りない分は親の貯金を切り崩したり、私の貯金や収入で補塡してもいいと考えました。でも、ケアマネジャーは入所条件を考えると厳しいでしょうと。うちの場合、父は要介護一、母は要介護二で介護度が低いし、私という同居家族がいる。母はそのころ七〇代でしたけど、『九〇歳の人だって入所待ちしてますよ』と言われて、驚くやら落ち込むやらでした」

特別養護老人ホームのような公的施設では、入所希望者の介護度や生活状態、経済状況などの条件が各施設の入所検討会に諮《はか》られる。たとえば介護度では、二〇一五年の介護保険法改正により原則「要介護三以上」となっている。このほか一般的な基準として「介護者がいない（独居世帯など）」、「介護者が高齢、未成年」、「介護者に障害や病気がある」、「住宅がなかったり、立ち退きを迫られている」などの事情が優先される。

両親の施設入所の見込みが厳しくなり、朋子さんは当面在宅介護をつづけざるを得なくなった。ケアマネジャーとケアプランの見直しを進め、訪問介護の回数を増やしたり、ショートステイを利用したりした。

他人に介護を任せられるのはありがたく、心身の疲労回復にもなったが、それだけではどうにも解決できない問題があった。「お金」だ。

介護保険でさまざまな介護サービスを利用できるとはいえ、所得や介護度などに応じて一定の負担額が課せられる。朋子さんの母の場合、たとえば二泊三日のショートステイでおよそ三千円の費用がかかった。

「最初のころはショートステイの間、私も息抜きで美容師仲間と食事したり、娘夫婦と会ったりしてました。確かに気晴らしにはなるんだけど、それなりにお金もかかるでしょ？細かい話だけど誰かと会うための交通費だってバカにならないし、お金の話って他人はもちろん、身内である娘にだって言いにくい。しかも、介護では急に大きなお金が必要になったりするんです」

前述したように朋子さんの父は失禁がある上、使用済みの紙オムツを隠してしまうことがあった。あるとき、外出先から戻った朋子さんは自宅のトイレに入って仰天した。便器からあふれた水で床一面がびしょ濡れ、しかも水に交じってちぎられたオムツの紙片が浮いている。

それまで気づかなかったが、父は紙オムツの汚れたパット部分を水洗トイレに流していた。いくらちぎっても流れるものではなく、配管の奥まで詰まったパットのせいで水が逆流していたのだ。あわてて修理を頼んだが、業者からの請求は一五万円。そのときは親の貯金から支払ったが、こうしたトラブルが何度もつづく。

母がハサミでテレビや温風ヒーターの電源コードを切ったこともあった。「コードの上にゴキブリが止まるから」という理由だったが、むろんそんなことはなく認知症の混乱のせいだろう。理由はどうあれそのたび出費がかさみ、親の貯金も自分の貯金も右肩下がりで減っていく。

介護に追われる朋子さんを案じて、ときおり友人たちが誘いの声をかけてくれることもある。励ましや気遣いがうれしい反面、次第に苦痛を覚えるようにもなった。

「介護生活が長くなるほど、だんだん周囲との壁を感じてしまう。仕事をしている、夫がいる、介護をしてない、お金に困ってない、そういう人に対する妬みとか、逆に自分の惨めさとか、嫌な感情が湧いてくるんです。ある食事会の場で、女友達から『たまにはおしゃれしなくちゃダメだよ』って言われたことがあって。相手に悪気なんかないのに、私はカチンときてボロクソに怒っちゃいました」

今の自分が「おしゃれ」でないことは、誰より自分が一番わかっている。そこから逃げ出したい、天職と思う美容師として働きたい、もう一度輝きたい、そう思いながらも現実はひたすら重くのしかかってくる。

自然に話す、心から笑う、前向きに考える、そういうことができなくなって、気づけば恨みや惨めさばかり覚えるのだ。

かつての生活が一変して六年、両親の介護を担ってからは五年になる。朋子さんはうつむきがちに「両親が死んだら私もすぐ死にたい」と口にした。

「ショックで後追いしたいわけじゃないですよ。自分の老後を考えたとき、娘に同じ苦労をさせたくないんです」

一人娘に迷惑をかけたくないからと、必死に働きお金を貯めてきた。だがこの先も介護がつづけばいずれ底をつき、みずからの老後破綻は免れないだろう。まして自分自身に介護が必要になれば、娘の人生を台無しにしかねない。

「たぶん娘には何も残してやれない。だからせめて、娘が大事に思っているおじいちゃんとおばあちゃんのことは私が背負って、それが終わったら早くこの世から消えたいなって思うんです」

介護者の八〇％が「ストレスを感じている」

日本の介護保険は「介護が必要な高齢者を支える」ための制度であり、その高齢者を介護する家族や子どもには適用されない。介護する側を支えるものは、労働者向けの『育児・介護休業法』や、市区町村からの給付、民間企業による介護割引などに限られる。

このうち『育児・介護休業法』では、「介護休業＝介護家族一人につき通算九三日間まで取得可」、「介護休暇＝介護家族の人数に応じた日数を半日単位から取得可」、「介護休業給付金＝介護休業を取得した場合、一定の要件を満たせば、介護休業開始時賃金月額相当額の六七％が一回の休業に限り最長三ヵ月間支給」などの支援策が設けられている。もっとも対象はあくまでも「労働者」のため、朋子さんのように離職してしまった人へのサポートにはならない。

日本労働組合総連合会（連合）が行った『要介護者を介護する人の意識と実態に関する調査』（二〇一四年）によると、要介護者（介護を受けている人）は八〇代が四七・九％、九〇歳以上が一四・一％だ。介護者（介護をしている人）は七六・三％が「子またはその配偶者」で、平均年齢は五三・一歳。まさに働き盛りの人たちが親の介護を担っている状況が浮かび上がる。

図４　介護にストレスを感じている人の割合とストレスの度合い

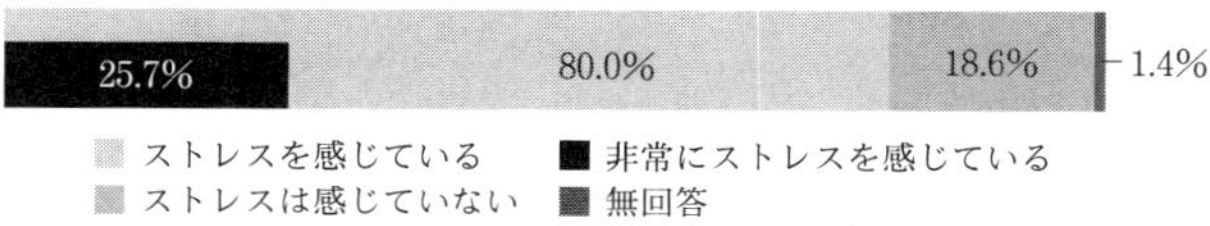

介護者の８割がストレスを感じ、介護者の４人に１人は「非常に」ストレスを感じている。

図５　介護者の要介護者への憎しみの有無

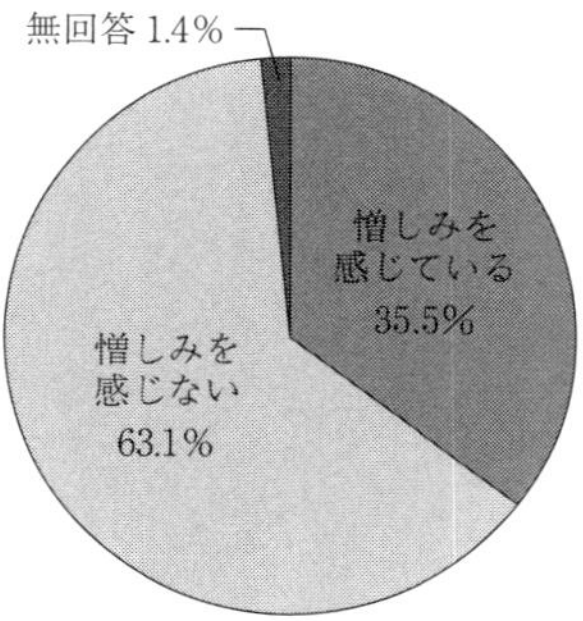

介護者の３人に１人は、介護している人に対して「憎しみ」があると回答。

出典　上下とも『要介護者を介護する人の意識と実態に関する調査』（日本労働組合総連合会、2014年）

介護者のうち八〇%が「介護にストレスを感じている」と回答、そのうち二五・七%は「非常にストレスを感じている」。また、介護者の三五・五%は、要介護者に「憎しみを感じている」と回答した。

介護と仕事は本当に両立できるのか

ここで言うストレスや憎しみには、親を介護する人たちの仕事や人生、健康、お金、そんな悩みから生じるものもあるだろう。だが、現行の制度では彼らに直接届けられる支援はあまりに乏しい。前出の淑徳大学・結城康博教授は社会保障や介護保険制度の問題点を次のように指摘する。

「日本の社会保障は世帯単位、家族でできることは家族でやるというのが原則です。介護にしても親と同居する子どもがいれば、その世帯には人手や収入があるとみなされる。仮に子どもの側が貧困や離職で追い詰められていたとしても、その人たちが使えるものはせいぜい就労支援か自治体による貸し付け制度くらいです」

子どもの側に病気や障害といった「あきらかに働けない理由」があり、持ち家や預金などの資産がなければ生活保護が適用される。だが、「親の介護で働けない」という場合には、その「世帯」の資産や親族の援助の有無などさまざまな条件が関わってくる。

たとえば朋子さんのケースでは、両親の年金収入や預金、持ち家、それに朋子さんの就労可能性や預金などがある以上、「世帯」としては自立して生活できるとみなされる。

「現行の制度は縦割りで、高齢の親とその親を支える子どもとでは使える制度が違います。本来なら両者の支援を合致させるべきだと思いますが、今でさえ超高齢化社会で社会保障費はひっ迫している。今後は人口減少で労働力や税収が低下しますから、そう遠くない将来に行き詰まるかもしれません」

二〇二五年には総人口の三人に一人が六五歳以上の高齢者、五人に一人が七五歳以上の後期高齢者となる。高齢者（六五歳以上）の社会保障費を二〇～六四歳の人口が負担する比率は、二〇一二年時点で一人対二・四人。「騎馬戦型」と呼ばれるが、これが二〇五〇年には一人対一・二人で「肩車型」になる。つまり一人の高齢者を、一人の現役世代が支えるのだ。

財務省の『社会保障と税の一体改革』では、「現在の年金・医療・介護のサービス水準を維持するには税金投入を毎年一兆円以上増加させる」必要があり、「この財源を確保できなければ、社会保障制度の維持が困難になります」と明言している。その財源、つまり税金を払うためには現役世代が働かなくてはならないが、果たして介護と仕事は本当に両立できるのだろうか。

「昔、毒親だった人が子どもに世話されて、なのに子どものほうは全然報われない。これが現実かと思うと、生きる希望なんてないですね」と話した真紀さん。

「両親が死んだら私もすぐ死にたい。自分の老後を考えたとき、娘に同じ苦労をさせたくないんです」とうつむいた朋子さん。

二人の苦悩は個人的なものだろうか。親を介護し、あるいは看取り、再び自分の人生を歩き出そうとしたとき、彼女たちにどんな希望が残っているのだろうか。

第4章　毒親はなぜ子どもを傷つけたのか

父親の通夜で酔っぱらった母親

青々と伸びる稲、果樹園やビニールハウスが並ぶ山梨県内の道を走ると、風情のある温泉街が見えてきた。駅で借りたレンタカーを運転しながら、山村早苗さん（五五歳）は「何度も言いますけど、本当に汚いですよ」と念を押す。

「汚い」というのは彼女の実家を指している。温泉街のはずれに建つ古びた戸建て、八一歳の母がひとり暮らすその家を早苗さんの案内で訪ねることになった。

母は六〇代で子宮ガンを患い、その後は白内障を発症して視力が低下、慢性的な腰痛もあるという。三年前に要介護一の認定を受けたが、週に一度ヘルパーに買い物を代行してもらう支援しか受けていない。

「もっと介護保険を使えばいいのに……」と漏らす早苗さんは都内の自宅から電車とレンタカーを使い、片道三時間をかけて実家を訪れる。年に三、四回の訪問だというが、限られたその時間に大型商品の買い物、部屋の掃除や片付け、担当ケアマネジャーとの打ち合わせなどを慌ただしくこなし、最終電車に飛び乗って帰宅する。

「母とは日帰りで顔を合わせるのが精一杯。あれこれ助けてやっても感謝どころか文句ばかりだし、本当にうんざりします」と嘆息すると、声をひそめてこうつづけた。

「ここだけの話、母にはとっとと死んでもらっていいと思ってます。だって、それだけのことをしてきたんだから。子どもに見捨てられ、恨まれたって自業自得ですよ」

早苗さんには二人の兄がいる。いずれも母とは別居しているが、以前は長兄夫婦が何かにつけて実家と関わってくれていた。ところが八年ほど前に突然距離を置き、次兄と早苗さんに親の面倒を見るよう迫ってきた。

当時、肺ガンを患っていた父は入退院を繰り返していた。父の医療費や介護の負担のせいかと思ったが、離れる理由は「母」だという。助けてやっても感謝の言葉もない――、長兄の言い分を聞いた早苗さんは「ああ、なるほど」と納得し、同時に暗澹たる気分になった。

もうひとりの兄である次兄は若いころから身勝手で、しばしば金銭トラブルや女性問題を起こしていた。そんな次兄が頼りになるとは思えず、結局は自分が引き受けることになりそうだ。病身の父を世話することも重荷だが、なにより母と関わりたくないという思いが強かった。

その半年後に父が七五歳で亡くなり、葬儀の手配や遺品整理をめぐって早くも母に辟易した。

「たとえば母は父の通夜の席でしこたま酒を飲み、酔っぱらって寝てしまったんです。自分が喪主なのにまともに夫の葬式も出せないなんてあり得ないですよね？　でも一事が万事、そういう人なんです。女のくせにお酒に目がなくて、私たちが子どものときから酔って暴れる、ご飯は作らない、些細なことに怒り狂って殴る蹴る……、まぁ絵に描いたような毒母でしたね」

だから老いた今、「子どもに見捨てられ、恨まれたって自業自得」、そう早苗さんは考えている。それでも子どもとしての「最低限の情と監視の義務」から、かろうじて母の生活を支えているという。ちなみに「監視の義務」とは、他人や世間に迷惑をかけないよう見張っておく必要があるという意味で、実のところ幼いころからそんな経験を積んできた。

母が飲まないよう酒瓶を隠す、母が出かけるときにこっそり後をついていく、外出したきり夜中になっても帰らない母を捜し回る、酔って他人に絡む母に代わって謝罪する、それが幼い早苗さんの日常だった。

だが、当の母はどんな騒ぎを起こそうが、周囲にどれほど迷惑をかけようが肝心のことを覚えていない。早苗さんたち兄妹が近所から「酒飲みの子」と白眼視され、学校で「おまえのかあちゃん、酔っぱらいー」と陰湿にいじめられても、母は知らない、覚えていないという「いい気なもん」だった。

一枚一五円のゴミ袋が「もったいない」

早苗さんの母はいったいなぜ子どもを傷つけてきたのか、自身の行状をどう考えているか、率直な思いを語ってもらえることになった。あらかじめ早苗さんが今回の来訪理由を伝えてくれていたが、彼女の先導で入った実家の中は想像以上に乱雑で荒れていた。

初夏だというのに茶の間にはコタツが置かれ、そのすぐ脇には厚手の布団や毛布が敷き詰められている。コタツにも布団の上にも食器や衣服、下着、食品やスーパーのレジ袋が積まれ、台所の床はゴミらしきもので覆われている。空間には羽虫が飛び交い、襖は破れ、今にも消えそうな古い蛍光灯からはクモの巣が垂れ下がっていた。

「あー、汚い！」と荒々しく声を上げ、早速掃除に取り掛かる早苗さんを上目遣いに窺うと、母のタカさんは「うるさいよ、この娘が」、低くボソリとつぶやいた。タカさんの声に反応した早苗さんが「ほら、これだからイヤになる。人に迷惑かけて生きてるくせに！」と返すと、「だから、とっとと死にたいと思ってるよ！」、そうタカさんが吐き捨て早くも母娘の空気は険悪だ。

　掃除と片付けが一山超えたところで、早苗さんは「買い物に行く」と席をはずしてくれた。あらためて向き合ったタカさんは、肩まで伸びた白髪を裁縫用の白いゴムでまとめ、シミの目立つ割烹着に毛玉の浮いたズボン姿。白内障のせいかくぼんだ眼の奥はぼんやりと濁り、口元には深いシワが刻まれている。

　体調を尋ねると「あちこち悪くてねぇ、何をやるのもおっくう」、「目が悪いでしょう。だから片付けられなくて」と言う。娘である早苗さんに毒づいた先ほどとは打って変わって沈んだ口調だ。

　つづいて生活の様子を聞きながら、「早苗さんが介護のことを心配されてますよ」と伝えると、ああ、というようにうなずいてため息とともに話し出した。

「もっとちゃんと介護を受けろっていう話でしょう？　そりゃそうなんだけど、恥ずかしい話、私がだらしなくて介護の人にも迷惑かけちゃうからねぇ。それに……」

　口ごもったタカさんは目を閉じてしばし黙したあと、「お金がないから」とささやくようにつづけた。収入は国民年金のみ、それも月におよそ四万円だという。タカさん自身は事情がわかっていないふうだが、おそらく加入期間が短いために満額受給ができないのだろう（注①）。

早苗さんの亡父、つまりタカさんの夫が残した貯金はすでに底をついたという。かつて世話をしてくれていた長男夫婦が一年に一度、一〇万円を援助してくれるが、それでも年間の収入は六〇万円に満たない。

わずかな国民年金から、後期高齢者医療保険料と介護保険料が差し引かれる。電気代やガス代などの光熱費、食費や雑費、電話料金やＮＨＫの受信料、月に一度の通院にかかる医療費とバス代を支払うと介護費用に回せるお金はほとんどない。

ヘルパーによる週に一度の買い物代行の費用は、介護保険の一割負担で月あたりおよそ千円。視力が低下して買い物がむずかしいためやむを得ず支援を受けているが、実際には介護費用の捻出のためにそのぶん生活費を切り詰めることになる。

「料理だって洗い物だって、やればガス代や水道代がかかるしね。まぁこの部屋もほんとに汚くてみっともないのはよぉくわかってるんだけど、ゴミを出すのもゴミ袋を買わないとダメなのさ。一枚一五円だけど、もったいなくて払えない。娘は私がだらしない、バカだのなんだのと言うし、それは自分でもそう思うよ。世の中のみなさんは、ちゃんと働いてお金を貯めているでしょう？　子どもや人様のお世話にならないように、自分の責任で生きているんだよね。だけど私は全然ダメ。ろくでなしで、生きてる価値なんかないでしょうよ」

タカさんの顔は次第に紅潮し、興奮のためか声がうわずる。出がけに早苗さんが用意した緑茶のペットボトルを筋張った手で持ち上げたが、指先はブルブルと震えるばかりで硬いキャップを開けられない。

老いて憐れみさえ感じさせるその姿からは、早苗さんが言う「毒母」の過去が容易に想像できなかった。

注①　国民年金の受給額＝国民年金（老齢基礎年金）の制度上の支給額は月額で六万五〇〇八円（日本年金機構・二〇一九年度）だが、これは四〇年間保険料の支払いをつづけた場合の満額。加入期間や支払い期間が短ければ、そのぶん受給額は減額される。厚生労働省の『平成二九年度厚生年金保険・国民年金事業の概況』では、国民年金の平均受給額は五万六千円と報告されている。

父親も舅も飲んだくれだった

タカさんは山梨県西部の農村で生まれ育った。農家だった実家は貧しく、中学卒業後に小さな部品工場で働きはじめた。一八歳のとき、兄の紹介で現在の住まいがある温泉街の旅館に住み込みの職を見つける。そこで知り合ったのが、のちに早苗さんの父となる男性だった。

「亭主はそのころ、板前（調理師）の見習いだったんですよ。私は女中（仲居）で、あのころはそういう男と女がすぐくっついた。いろいろ盛りなもんだから、住み込みをやめて二人で借間（アパート）に住んでね。亭主はまぁいい人だったけど、でもイザとなったらやっぱりいろいろあってねぇ……」

夫は優しい人だが、一方では優柔不断で周囲に流されやすかった。仲間に誘われるまま賭け事に熱中し、まだ若かったタカさんが借金の肩代わりをしたこともある。それでも結婚に踏み切ったのは、「たいして酒を飲まなかったから」だという。

娘の早苗さんは夕カさんが「女のくせにお酒に目がない」と言ったが、意外にも彼女が夫を選んだ理由はその反対だ。いったいどういうわけか、タカさんは自身の過去をこう振り返る。

「私の父親がすごい飲んだくれ。田んぼもやらずに真昼間から酔っぱらって、鶏小屋で寝ているような人だった。そうかと思うと内でも外でも暴れて、モノは壊すわ、人はぶん殴るわ、手に負えない。母親も私ら子どもも言葉にできないくらい苦労したから、結婚するなら酒を飲まない人がいいと思ったよ」

そんな彼女が結局は父親と同じ轍を踏んでしまう。その最初の躓きは、結婚後すぐに訪れた。ささやかな挙式後、タカさんは夫の実家で義理の両親と同居をはじめる。夫の父親、つまりタカさんにとっての舅は実の父親以上の飲んだくれで、恐ろしいほどの酒乱だった。新生活がはじまってほどなく、タカさんは舅のすさまじい暴れように身が凍ったが、さらに恐ろしいのは姑の態度だった。

「おまえの在所（タカさんの実家）の親父が飲んだくれでよかった。ふつうならこんな舅じゃ務まらんが、おまえは慣れとるからどうってことなかろう」、そう言ってタカさんに酒の相手をするよう迫ったという。

結婚後も仲居として働いていたタカさんは、接客中に勧められて酒を飲むことがあった。仲居のうちでは若かったため、宴会では酌婦（ホステス）のように客の間を回って盛り上げることも多く、一日の仕事が終わればかなりの酒量だ。

その上、家に帰ると舅の酒につきあわされる。一緒に飲むというより、舅の機嫌を損ねないよう目配りや気配りをする役目だが、疲れた体に宴会での酒がまわってつい居眠りをすることがあった。

「ちょっとでもたるんどったら、すごい勢いで張り倒されるんだよ。こう髪の毛をつかまれてさぁ、そこらじゅう引きずりまわされて、腹を踏まれる、蹴られる、もう生きた心地がしない。必死に逃げるけど、今度はばあさん（姑）が鬼の顔で起きてきて、私を引きずったり、突き飛ばしたりしてね。でも二人とも顔はやんないさ。顔をやると（仲居の）仕事ができないから、腹とか見えないところをやるんだよね」

今なら離婚するような話だ、そう苦い笑みを浮かべたタカさんだが、当時の彼女には戻れる実家も逃げられる場所も、なによりお金がなかった。

夫は「すまねえな、かわいそうだな」とは言ってくれるが、といって進んで両親の暴力を止めることはない。「ヘタな真似をすればもっとひどくなる」、「俺のためにも我慢してくれ」、そんな理由で忍耐を強いる。そうかと思うと調理師としての夢なのか、「いつか店を持って幸せにしてやるぞ」と甘い言葉をささやくこともあった。

三人の子どもを抱え、重労働の日々

絶望と希望の中で揺れるタカさんは二二歳で男児を産む。一年後にはまた男児を出産し、これが早苗さんの二人の兄だ。子どもを持ったタカさんは仲居をやめ、同じく調理師をやめた夫とともによろず屋（便利屋）の仕事に就いた。

「旅館はチップがあって給金ももらえたからやめたくなかったけど、おっぱい（授乳）に困るでしょう？　赤ん坊を連れてできる仕事のほうがいいと思ったし、ばあさんに預けるとまぁつまんないことで叱られる。（赤ちゃんが）泣いた、騒いだ、汚した、そんなことでも私はこっぴどくやられてね」

あらたにはじめた仕事は重労働だった。リヤカーに客の引っ越し荷物を積んで何キロもの山道を往復したり、農繁期の手伝いや工事現場の作業補助、排水溝の清掃作業などをこなす。とりわけつらかったのが「ドブさらい」と呼ばれていた作業で、大雨のあとに汚泥や汚水があふれる排水溝をシャベルで掘るものだ。

ズシリと重い汚泥から立ち上る悪臭、力いっぱい掘りつづけても容易に終わらない作業、おまけに背中に幼子をおぶい、合間にオムツを替えたり授乳をしたりする。

全身の骨が砕けそうな痛みに、一滴の汗も残らないほどの疲労感。それでも仕事を終えて家に戻れば、炊事や風呂焚き、舅の酒の相手が待っている。今にも暴れ出しそうな舅をなだめ、夜泣きする子どもをおぶって外へと連れ出し、ほとんど眠れないまま朝を迎えればまた重労働がはじまる。

よろず屋の仕事をはじめて四年目、二六歳のタカさんは早苗さんを産んだ。それまでの無理がたたったのか産後の肥立ちが悪く、ひどい出血がつづいて家事もままならない。姑に頼み込んで病院に行くと「絶対安静」を言い渡され、しばらく休養することになった。

「だけどいくら寝たって力が出ないの。だいたい、ゆっくり寝てられるようなウチじゃぁないし、三人も子どもがいればそりゃあせわしない。だから起きるんだけど、うまい具合にいかなかったね」

あくまでも推測に過ぎないが、このころのタカさんは「産後うつ」だった可能性がある。産後うつとは出産後に不眠や焦燥感、無気力などのうつ症状が現れることを言い、感情をコントロールする脳の神経伝達物質やホルモンの変化、環境などが関連すると考えられている。

ともあれ心身の不調をどうにかしないと日々の生活が立ち行かない。気力を振りしぼろうとするタカさんは、「気つけ薬」のつもりで舅の酒を隠れ飲むようになった。このころの舅は酒量が落ち、暴れる前に酔いつぶれることが多く、彼女にとってはこれ幸いという状況だ。隠れ飲んだ酒のせいか、あるいは舅の暴力が鳴りを潜めたせいか、次第に心が晴れて体も動くようになった。

生まれたばかりの早苗さんをおぶって仕事を再開したが一年足らずでよろず屋を廃業、夫は友人とともにタクシー会社をはじめる。乗務員数人の小さな会社だったが、高度経済成長の波に乗りどんどん業績が上向いた。

子どもたちが疎ましくなった

一方のタカさんには舅の介護が待っていた。ある日突然倒れて寝たきりになった舅のオムツを替え、体を拭き、食事に着替え、体位交換と次々こなし、家事や三人の子どもの世話、夫や姑から言いつけられる用事をこなせば息つく間もない。

よろず屋での重労働もつらかったが、今度は精神的にひどくこたえた。外で働いている間は「子連れ」だったから、少しぐらい泣かせたり勝手に遊ばせたりしても自分の裁量次第だ。それが家の中では「病人がいるから静かにさせろ」、「聞き分けがないなら、うっちゃってこい（捨ててこい）」、ことごとく姑から咎《とが》められる。

以前は夫婦で汗水流し、多少なりとも苦しさつらさを共有できた。だがタクシー事業でサラリーマンの倍以上の収入を手にするようになった夫は、若かりしころの賭け事が再燃する。

「亭主は悪い人らと連れ立ってなかなか帰ってこない。（家計に）入れるお金はあったからそっちの苦労はなくなったけど、私は毎日病人の世話をして、ばあさんには要領が悪いだの、頭が弱いだのと叱られる。ばあさんだってもうろくしてる（認知症気味になっている）から、こっちが何をやっても気に入らず、まぁ滅茶苦茶な人だった」

つらい気持ちを奮い立たせ、うまく立ち働くためにお酒の力を借りた。飲むと視界が明るく広がり、なんでもできるような自信と度胸を覚える。留守がちな夫、寝たきりの舅、滅茶苦茶な姑、数々の難題は酔うほどに消えていき恐れるものではなくなった。

その一方、子どもたちに対しては複雑な思いが生じてくる。かわいいと思いながらも、どこか疎ましく些細なことが気に障った。ときどき小遣いを与えたり、かわいがったりする夫になつく子どもの姿を素直に喜べず、むしろ「許せない」という感情が湧いてしまう。姑の前では殊勝な子どもたちが、自分に対しては反抗したり、ふざけた態度を見せつける。何をどう言いくるめられたのか、姑と一緒に嘲笑してくることもあった。

タカさんは当時の心境を「みんなで私をバカにした」、「おかしそう（楽しそう）にやられるとムシャクシャした」と話し、反面では「私は（性格が）ひん曲がってるから、のけ者にされてもしょうがない」とも言う。怒りや苛立ち、疎外感が膨らむほど逃げ道がほしくなり、その手段としていっそうお酒に手が伸びた。

タカさんが三〇歳を迎えるころ実家の父と舅が相次いで他界、つづいて姑も病床に伏した。三人の子どもは小学生と幼稚園児になり、近隣の母親たちとの関わりも増えたが、そうしたつきあいもストレスだった。

「酌婦みたいなこと、それに（よろず屋の仕事で）ドブさらいなんかやってたでしょう。昔のことなのにおもしろおかしく見る人がいるし、悪口だって散々言われたの。子どもが外で悪さをすると、やっぱりあの親の子だって、余計悪く言う人もいたねぇ」

子どもを厳しくしつけなければもっと笑い者になる、そんな思いから強く叱責した。言ってもわからなければ「痛い思いをさせて教える」ことを徹底し、それでもわからないのでさらに「こらしめて覚えさせよう」とした。

だがその結果として子どもたちが傷つき、苦しんだことに対しては、タカさんは「クックッ」と喉を鳴らす。不満げな薄笑いを浮かべ、「早苗は大げさなことを言う。あの子は昔っから生意気で、平気で親をバカにしますよ」と吐き捨てた。

「私なんかが親で恥ずかしかったでしょうよ」

自分の味わった苦しみは子細に語ったタカさんだが、一方で自分が与えた苦しみには他人事のような反応だ。まずは「たいしたことじゃない」と過小評価する。

「ちゃんとおまんま（食事）を食べさせて、学校にも行かせて、ほしいという物は買ってやったしね。亭主が（小遣いを与えたりして）甘かったから、しつけるのは私の役でしょう。上の二人（早苗さんの兄）は聞かん坊だから、ゲンコツくらい食らわせないと始末に負えない。早苗は女の子だから、悪いことをしたときにちょっとひっぱたくくらいでしたよ」

次に正当化、厳しい叱責や暴力はあくまでも子どものためにしたことだと説明する。たとえば早苗さんの二人の兄は、何かにつけて「ズルをしたり、ウソをついたりした」という。

「宿題をやってないのに『やった』とか、モノを壊したりしても『自分じゃない』なんて言うわけさ。いくら叱っても素直に謝らないで、あんなねじ曲がった根性じゃあどうしようもない。根っから叩きなおしてまともな人間にしなかったら、大きくなって困るのは本人じゃないの」

とりわけ「素直に謝らない」という態度が、タカさんにとっては許しがたいことのようだった。話の中では「生意気に歯向かって」、「親をバカにした」、「かわいげがない」などの言葉が出てきたが、要は子どもたちが自分の意に従わないことに怒りや失望を覚えていたと考えられる。

タカさん自身は意識していないようだが、これは子どもを虐待する親に見られる心理のひとつだ。詳しくは後述するが、彼女はみずからを「子どもを傷つける加害者」とは思っていない。反対に、生意気でかわいげがない子どもに困惑させられる被害者だと捉えていた可能性がある。

一方、早苗さんに対するタカさんの気持ちは二人の兄とは異なっている。

「早苗は勉強ができたし、小さいときからしっかりしていた」と評価しながら、「私なんかが親で恥ずかしかったでしょうよ」とも言い、さらに「なまじ頭のいい子はイヤだね」と再び薄笑いを浮かべる。早苗さんのどんなところがイヤだったのか尋ねると、「知ったかぶりをする」、「偉そうなことを言う」と口にした。

たとえばタカさんは、小学生だった早苗さんにオルガンを習わせていたという。週に二度のレッスン料を払い、「家でも練習したい」と言われたため無理して高価なオルガンを買い与えた。早苗さんは得意げに課題曲を弾いてみせるが、それだけでは終わらない。

「この曲を知ってるか、なんて聞くわけさ。私は学がないんだもの、知ってるわけないでしょう。親に恥をかかせて得意になって、あの子はそういう生意気なところがある。なんでも親を下に見て、憎まれ口を叩いたり、下手すりゃ親に説教するんだよ」

その「説教」は、タカさんの飲酒癖にも及んだ。彼女のほうはあくまでも「気つけ薬」のつもりで、自分を奮い立たせる手段としてのお酒だ。自信と度胸を得るための、あるいは苦しい現実からの逃避という切実な理由で飲酒し、一時の解放感を味わっていた。

その解放感を、早苗さんは止めようとする。早苗さんにすれば当然の行為だが、タカさんには「知ったかぶりの娘が偉そうに説教する」という歪んだ解釈になり、自分の逃げ場を奪われそうな不安を覚えたのかもしれない。おまけにタカさんは「たいして飲んでない」と釈明する。

「酒浸りっていうような話じゃないですよ。それは全然違う。だいたい私は酒飲みが好きじゃないもの。父親もじいさん（舅）も飲んだくれで散々苦労したでしょう。だからそんなに飲まないし、酔っぱらってみっともない真似なんかしませんよ。早苗がそう言ったの？　ああやだ、ほんとに偉そうな子だねぇ」

タカさんは大きくかぶりを振って、いかにも不快そうに顔を歪めた。

被害者が加害者に転ずる心理

早苗さんは「母が酒癖の悪さを覚えていない」、「いい気なもん」だと語っていた。そのとおりタカさんは数々の騒動を覚えていないのか、あるいは体よくごまかしているのか、いずれにせよ当人から後悔や反省の弁は聞かれなかった。

一方で「私なんかが親で恥ずかしかったでしょうよ」、「子どもを厳しくしつけなければもっと笑い者になる」などという言葉からは、根深いコンプレックスや自己否定感が見て取れる。

以前、別の取材で依存症を治療する医師や研究者など複数の専門家から話を聞いたが、その中のひとりが「アルコール依存になる人は、お酒が好きなわけではない」と語ったことを思い出す。依存に陥る人はお酒が好きだったり、おいしいから飲みすぎてしまうわけではなく、「酔いつぶれること」が目的だというのだ。

要は、酔いつぶれるまで飲んで現実を忘れたい。孤独だったり、コンプレックスに苛まれていたり、容易に解決できない問題を抱えたりする、そんな自分を忘れるためには酩酊するしかない。

酩酊するほどその状態を「覚えていない」から、当人は後悔や反省のないまま同じことを繰り返し、周囲からはより大きな軽蔑、嫌悪が浴びせられる。それがまた孤独やコンプレックスを増幅させるという悪循環だ。

これらをタカさんに当てはめると、「たいして飲んでない」、「私は酒飲みが好きじゃない」といった言葉は、アルコール依存傾向にある人の典型的な釈明になるだろう。

現在の状況を尋ねると、タカさんは「(飲酒は）とっくにやーめーましたぁ！」と言葉尻を強くし、ギュッと唇を結んで怒りを露わにした。のちに娘の早苗さんに確認すると、確かにここ数年は飲酒の形跡がないという。「とっくにやめた」というその理由を語ってもらうことはできなかったが、心身の衰えや「お金がない」という現実、あるいはまた別の複雑な事情があるのかもしれない。

それにしてもつくづくと思うのは、子どもを傷つけてきた親と、傷つけられてきた子どもとのあまりに大きな認識のズレだ。早苗さんはタカさんを「絵に描いたような毒母」だと非難し、実際に暴力や暴言にさらされてきた。その苦しみは彼女の人生に深い影を落とし、母への軽蔑や嫌悪、「とっとと死んでもらっていい」という辛辣さにもつながっている。

一方のタカさんは幼いころから辛酸をなめ、義理の両親をはじめとする周囲の人々から虐げられてきた。タカさん自身が暴力の被害者であり、痛みと苦しみを存分に知るはずなのに、いったいなぜ同じような被害者を生み出してしまったのか。被害者が加害者に転ずる心理、虐待行為が再生される家庭には、果たしてどのような問題があるのだろうか。

加害者の虐待心性

児童虐待問題を研究する西澤哲・山梨県立大学教授は、著書『子ども虐待』(講談社現代新書)の中で加害者の虐待心性を次の七因子に分類している。

- 「体罰肯定観」(子育てには体罰が必要であるとする育児観)
- 「自己の欲求の優先傾向」(子どもの欲求と親の欲求に葛藤が生じた際に親自身の欲求を優先する傾向)
- 「子育てに対する自信喪失」
- 「子どもからの被害の認知」(客観的状況とは無関係に、子どもの存在や行動によって自身が被害をこうむっているという親の認知)

・「子育てに対する疲労・疲弊感」
・「子育てへの完璧志向性」（親である以上子育ては完璧に行わねばならないとする認識・志向性）
・「子どもに対する嫌悪感・拒否感」

西澤教授はこれらの虐待心性と親自身の幼少期の被虐待経験（虐待された経験）、さらには実際の子どもへの虐待傾向を分析し、七因子のうちの三因子との関連が特に深いことを指摘する。「体罰肯定観」、「子どもからの被害の認知」、そして「自己の欲求の優先傾向」だ。

・体罰肯定観
自分自身が身体的虐待などの暴力を受けて育ったという親は、その経験から「子育てには体罰が必要」という、体罰を肯定的にとらえる養育観を持つことがある。こうした養育観を背景に、「言ってもきかないときには叩いてでも教えるのが親の務め」といった具合に体罰をともなう「しつけ」を日常化させやすい。（後略）

・被害的認知

被害的認知とは、「子どもという存在や子どもの問題に困らされている」「子どもから被害を受けている」といった認知（考え）を意味する。（中略）

ネグレクト（著者注・養育放棄）的な養育環境にあった子どもたちには、「誰も自分のことをかまってくれない」「いつも自分ばかりが損をしている」といった、被害感が認められる。こうした強い被害感が大人になったあとも続いて、自分の子どもとの関係に持ち込まれた場合、子どもから被害を受けていると感じる傾向が顕著になる可能性が高い。（後略）

・自己欲求の優先傾向

虐待傾向を示す親には、「子どものころ虐待やネグレクトにさらされてきたために愛情が十分に満たされず、そのために大人になっても自己の欲求への固執が起こり、子どもの欲求や要求と自分のそれとがぶつかった場合に自分の欲求を重視する」という傾向が認められる。（後略）

（『子ども虐待』より抜粋）

毒親の言葉から読み取れる歪んだ認知

西澤教授の指摘をタカさんに置き換えると、暴力的な成育環境から体罰肯定観を持ち、自身の被害感を子どもとの関係性に持ち込んだことが推察される。「生意気に歯向かった」、「親をバカにした」などという言葉は、あくまでもタカさんがそう受け取ったことであり、実際の子どもたちの言動とは食い違っている可能性が高い。

だが被害的認知にとらわれている親は、たとえば子どもが泣くと「泣いて私を困らせる」、「泣けば許してもらえると思うなんてずる賢い」などと解釈したりする。子どものほうは必死に謝ったとしても、「態度が悪い」、「親をにらみ返してきた」、そんなふうに歪んだ受け止めをしてしまう。タカさんも同様で、自分が子どもを傷つけているのではなく子どもによって困らされてきた、悪いのは子どものほうだ、そんな歪んだ認知が言葉の端々から読み取れる。

さまざまなトラブルを起こしながらもお酒をやめられない、それは自己の欲求を優先していたからだろう。彼女にとってはやむを得ない現実逃避だったかもしれないが、母の酒瓶を隠し、母に代わって周囲に謝罪し、「おまえのかあちゃん、酔っぱらいー」といじめられてきた早苗さんにとっては到底許せるものではない。

自分はなぜこんな苦しい思いをしなくてはならなかったのか、どうして私の親はあれほどひどいことをしてきたのか、そんな思いにとらわれればなお苦しみは募るだろう。だが、それは「私の親」に限ったことなのか。つづいては別の視点から加害者としての親像について考えてみたい。

親子間で価値観や社会通念は大きく違う

「親子間の問題を考えるとき、コーホートという視点を持ってみたらどうでしょうか。自分の親という個人に焦点を当てるのではなく、その世代の人間はどういう生き方をしてきたのか、どんな価値観や考えを持ちやすいかという視点です」

こう語るのは老年学の第一人者である桜美林大学・長田久雄教授だ。高齢者の心理に詳しい長田教授は、親子の関係性を「老親コーホート」と「子世代コーホート」として考えることを勧める。

コーホートとは一定期間に生まれた人の集団という意味で、「団塊世代」や「バブル世代」、「就職氷河期世代」などの言葉で考えるとわかりやすい。団塊世代に対する一般的なイメージは、「人数が多い」、「学生運動」、「右肩上がりの社会人生活」、「議論好き」、「やる気満々」などがあるだろう。就職氷河期世代なら「非正規」、「未婚」、「報われない」などをイメージするかもしれない。

「コーホートという視点で考えたとき、今、介護を必要としている老親世代は昭和ヒトケタ生まれとか、戦中教育を受けたとか、戦後の混乱期に貧しい暮らしを強いられた集団と言えるでしょう。今の高齢者は質素倹約や忍耐が美徳とされる生活環境で育ってきた。家族関係や地域のつながりが濃密で、個人の意思よりも親の意向に従うことが正しいとされました。また、社会のほうも男尊女卑や暴力を伴うしつけが容認されていた時代です」

一方の子世代コーホートに該当する人々は、現在五〇〜六〇代が中心だ。彼らは高度経済成長期に生まれ、それまでの価値観や社会通念が大きく転換する中で育っている。おとなとして自立する時期にバブルがあり、男女雇用機会均等法が施行され、個人の成功や幸福の追求が推奨されてきた。

貧困と繁栄、忍耐と自由、戦争という時代背景と平和で豊かな社会、老親世代と子世代が育った生活環境はまさしく対極だ。親にとっての常識が子どもの側には非常識になるかもしれないし、逆もまた然り。そうした相違は個人的なものにとどまらず、それぞれの時代の価値観や社会通念も大きく異なっている。

たとえばモノを捨てられない高齢者は多い。消費に慣れた子世代からしたら、古い包装紙とか、穴の空いた靴下とか、不用と思われるモノを溜め込む老親が理解できない。場合によっては嫌悪感を持ち、批判的な目で見ることもあるだろう。

一方、高齢者が生きてきた時代背景や社会状況という視点から考えると、戦中戦後のモノ不足、困窮や耐乏生活を経験し、「もったいない」という価値観が染みついているとも考えられる。単に「ウチの親はだらしない」ではなく、その世代ならではの経験や思考からそうならざるを得ないという面もあるはずだ。

こうした視点から加害者としての親、彼らがなぜ我が子を傷つけてきたのかを考えると、個人的な虐待心性だけでは語れない部分もあるように思う。また、「現代の常識」から過去を評価することに対しても、客観的な視点が必要ではないだろうか。

児童虐待が社会問題化する以前の日本

言うまでもなく、現代の日本では児童虐待が社会問題化している。子どもへの暴力行為は決して許されるものではなく、前述した「体罰肯定観」はあきらかな非難の対象となる。こうした現代の常識から過去の親の行状を見る、たとえば早苗さんがタカさんから受けた苦しみを今の価値観に照らし合わせれば「毒母」となって当然だ。

一方、児童虐待が社会問題として認知された歴史は浅い。「殴ってしつけるのが親の役目」、「子どもは痛い思いをしないとわからない」といった体罰容認論は、残念ながらいまだ根強く残っている。

児童虐待を定義し、通告や介入などについて定めた『児童虐待防止法（児童虐待の防止等に関する法律）』は二〇〇〇年に施行された。背景には児童虐待の急増と深刻化がある。同年に集計された児童虐待相談対応件数（全国の児童相談所が対応に当たった件数）は一万七七二五件、ちなみに最新の数字では二〇一八年度の一五万九八五〇件である。

法律の施行後一八年間で一〇倍近くに達するが、そこには児童虐待という事象の増加だけでなく、社会的な関心の高まりがあるだろう。以前なら虐待とは思われなかったことが、法律の施行や事件報道の増加などで「これは虐待だ」という社会的認知が浸透したと考えられる。

では、過去に虐待はどのように扱われてきたのか。たとえば今の五〇代や六〇代の人たちが子どもだった時代、社会はどのような親子間の問題を抱えていたのだろうか。

『近代子ども史年表　1926―2000　昭和・平成編』（下川耿史編・河出書房新社）では、一九五〇年（昭和二五年）の国立世論調査所の調査から「子どもの身売り」（人身売買）に対する人々の認識を報告している。調査結果によると、「親が前借して子どもを年季奉公に出す」ことについて、「構わない」九%、「家が困ったり、親の借金を返すためなら仕方がない」二〇%、「子どもが進んで行く場合や子どもの幸せになるなら構わない」五一%と、ほとんどの回答が肯定する。戦後の混乱と生活困窮の中、子どもを「口減らし」の対象とする、そんな社会通念が少なからずあったことが窺える。

同調査の六年後、一九五六年（昭和三一年）の『経済白書』は「もはや『戦後』ではない」と宣言した。戦争による社会的混乱や貧困を理由とする児童虐待は減っていき、代わって工業化や都市化、核家族化などから生じる家族問題が増えていく。急速な発展の陰に取り残される人々、豊かさから落ちこぼれた貧困家庭、現代にも通じる「格差」が拡大した時代だ。

一九六四年（昭和三九年）には東京オリンピックが開催され、東海道新幹線の開業や首都高速道路の開通、大規模ビルの建設ラッシュなどで社会は空前の経済成長を迎える。一方で同年の『厚生白書』（厚生省＝現厚生労働省）では、「児童の健全育成」という項目で次のような記述が見られる。

――最近における出かせぎ、共かせぎ家庭の増加、人口の都市集中に伴う住宅不足、団地家庭の増加などに伴う児童の放任・過保護などの問題が目だってきたことなどによって、あらためて健全育成対策の重要性が強調されるに至った――。

こうした記述からは地域ごと、あるいは家族ごとの差異が生じ、親子間の問題が複雑化していったことが読み取れる。「出かせぎ」によって生計を維持する家庭の一方で、都市部の団地などでは「ニューファミリー」と呼ばれるような最新の暮らしを送る家族が現れた。

地方と都市部の生活様式の違い、貧富の拡大や価値観の変化は当時の児童虐待にも現れている。一九七二年（昭和四七年）、ある地方で六歳と五歳の姉弟が二年近く戸外の小屋に監禁されていた事実が発覚する。二人は九人きょうだいの六番目と七番目、父親はほとんど働かず母親は育児放棄という崩壊家庭だった。

姉弟は歩くことも話すこともできず、排泄は垂れ流し。年上のきょうだいが一日一食を与えていたが、救出時は二人とも身長八〇センチ、体重八キロと一歳児の水準だったという。

一方、都市部では「コインロッカーベビー」という表現が使われた乳幼児遺棄事件が頻発する。一九七〇年（昭和四五年）、東京都渋谷区内のコインロッカーで嬰児の死体が発見されたのを機に、同様の事件が同年二件、翌年には三件発覚する。さらに一九七二年には八件、七三年には四六件と急増していった。

地方の小屋に放置されていた二児と、都会のコインロッカーに遺棄された多数の子ども。貧困と繁栄が混在し、人間関係の希薄化や個人主義が浸透する、そんな時代の象徴的な事件と言えるだろう。

一連の流れを辿ると、社会の変容とともに家族や親子関係の問題も変わっていったことがわかる。生活様式や社会環境、人々の意識が刻々と変わる中で、そこに適応できない親、取り残される家庭も少なくなかったかもしれない。

地域や家庭ごとの差異、経済格差、新旧の価値観、そうした社会の中で生じたひずみが、幼い子どもに向けられていた可能性もあるのではないだろうか。

虐待する親の特徴と家庭内のストレス状況

児童虐待における個人的要因、社会的要因について挙げてきたが、最後にもうひとつ指摘したいのが子育てに対する周囲の理解や協力の有無だ。助けてくれる人がいる、困ったときは相談できる、そうした「環境」があるかどうかという問題である。

日本の児童虐待問題研究の草分け的存在で、医療や児童福祉分野で多くの臨床経験を持つ池田由子氏が著した『児童虐待』(中公新書)は一九八七年に刊行された。厚生省(現厚生労働省）による児童虐待件数の調査が開始されたのは一九九〇年、この本の刊行時には「児童虐待」への社会的関心は低く、現に次のような記述がある。

――外国からの訪問者、小児科医や精神科医たちは、日本には児童虐待はないと信じこんでいることが多い。日本の専門家の中にもそのような先入観がある。筆者は二年前専門的な会合で、ある家裁所長が「わが国では児童虐待はないから云々」と発言するのを聞いたことがある――。

「専門家」さえ現状認識ができていなかったことを考えると、一般の人々が「体罰肯定観」を持ち、実際に子どもへの暴力を容認していたのは十分あり得る話だろう。

池田氏は同書の中で「虐待する親の特徴」を次のように挙げている。

――幼い頃から親にいつくしまれたことがなく、ひどい取り扱いを受けていた人は、基本的安定感を十分に形成できない。成長したあとも慢性の欲求不満を持ちつづけ、たえず他人からの愛情や慰めを一方的に求めている。わが子が幼くとも大人と同様に見なし、自分を愛し、支持し、欲求を満たすことを要求する。子どもが大人しく静かで、清潔で、親の言いなりになっていればよいが、親の要求する反応をしないと、たちまち激怒し、暴力をふるう。彼らにとっては殴ったり、いじめたり、暴力をふるうやりかたが唯一のコミュニケーションの手段であることが多い。それは自分が親から受けてきたやり方なのである――。

（『児童虐待』より抜粋）

こうした記述は前出の西澤教授が指摘する「加害者の虐待心性」と同様で、暴力的な環境で育った人が、今度は自分の子どもを傷つけるという「虐待の連鎖」を説明したものだ。だが、同じような成育歴を持った人すべてが、親となってから我が子を虐待するかと言えば決してそんなことはない。私自身、多くの虐待事例の取材経験を持っているが、悲惨な成育歴を持ちながらも「連鎖」を止め、親として我が子を慈しむ人はたくさんいた。

要は「自分が親から受けてきたやり方」は必ずしも踏襲されるわけではないのだが、するとその違いは何なのか、あの人は連鎖し、この人は連鎖しないという理由について考える必要があるだろう。

池田氏は子どもを虐待する親の特徴としてもうひとつ、「家庭内のストレス状況」を挙げている。

――その上家庭が《ストレス状況》にあることが多い。夫婦げんか、生活費の不足、サラ金の借金、一方の親の外泊や家出、時には洗濯機の故障のような些細な家事の手順の狂いまで、未熟な親にとってはひどいストレス状況になる。（中略）

さらにまずいことは、これらの親たちは自分の親兄弟、友人とのつきあいがない。相談相手もおらず、隣近所からも孤立していることが多いので、自分の自由になる子どもに怒りをぶつけるしかはけ口がない。つまり、このような家族は、いろいろの悪条件の重なりあっている《多問題家族》であり、その《家族の危機》状況に際して、児童虐待が顕在化するのである――。

（『児童虐待』より抜粋）

「健康的なあきらめ」が大事

あくまでも個人的な意見として言えば、私はこの家庭内のストレス状況という「環境要因」が、連鎖の有無に大きく関わっているように思う。

再度タカさんの子育て環境を考えてみると、義理の両親による暴力や暴言、よろず屋での重労働、産後の体調不良、賭け事に興じる夫の不在、近隣からの孤立、さまざまなストレス状況に直面していたことがわかる。

むろん、つらいことがあったから子どもを傷つけても仕方なかった、そんなふうに言うつもりは断じてない。ただ、「なぜ私の親はあんなひどいことをしたのか」、「どうして自分だけがこれほど苦しまなくてはならないのか」という思いに苛まれているとき、その苦しみをより大きくしないためにも少し視点を変えてみることを勧めたい。

親への恨みや憎しみ、軽蔑や嫌悪だけでは、言うまでもなく介護はつらい。あれほど苦しめられたのになぜ親の世話をしなくてはならないのかという思いが募れば、それこそ早苗さんのように「とっとと死んでもらっていい」となっても無理のない話だ。

一方でもしも自分があの時代、あの環境で生きていたらどうしただろう、そんな想像はあってもいいのではないだろうか。過去の問題には過去の視点を持つことで、また違った捉え方ができるかもしれない。

そうして老いた親への向き合い方が変わる、あるいは自分の気持ちの落としどころが見つかることもあり得る。たとえば早苗さんは「とっとと死んでもらっていい」と言いながらも、年に三、四回タカさんのもとへ通っている。あれほど苦しめられたのに、そう考えればつらさしかないだろうが、自分なりにがんばっている、これが最後の務めだ、そんなふうに捉えることである種の納得が得られるかもしれない。要は親との対決から離れて、自分自身の収まりどころを探してみる。

前出の長田教授は心理学的な観点から、毒親の介護を担う人たちに「健康的なあきらめ」を提案する。

「あのときなぜ、自分の親はどうして、などと問題に答えを求めようとしすぎるとかえって袋小路にはまってしまう。人の状況や気持ちは変わるものだし、ひとつの答えがすべての正解かと言ったらそうではないでしょう。親との関係性を突き詰めて考えるのではなく、いい意味での、健康的なあきらめも大事です。親はもう老いている、今さら仕方ない、そんなふうにできる範囲で受容してみると、また違った向き合い方もできるはずです」

健康的なあきらめは親子関係だけでなく、死や障害、生活基盤の喪失などさまざまな場面に共通するという。たとえば愛する人が亡くなってしまったあと、残された人は当然ながら悲嘆に暮れる。現実を受け入れられず、否定や後悔に苛まれ、怒りが生じ、さらに深い悲しみに沈んでいくこともあるだろう。

「だからといって亡くなった人を生き返らせることはできません。じゃあどうするか、この視点が大事です。いくら自分が苦しんでも元には戻れない、悲しいけれど仕方ない、そんなあきらめの過程を経て、これから自分はどう生きるのかという気持ちが芽生えていく。

ここから、今からどうするか、そういう切り替えをすると今後の方向性が見出しやすくなり、先が見えると自分の感情も整理しやすくなります」

タカさんへの取材を終えた帰り、私は早苗さんに詳細を伝えた。「あの人は勝手なことばっかり言って。結局、自分に同情してほしいんでしょ」、硬い口調の彼女はそれでもたくさんのトイレットペーパーや洗剤、レトルトや冷凍食品、お米に調味料、医薬品などを実家に買い置きしていた。

タカさんが「もったいなくて払えない」と話した一枚一五円のゴミ袋も大量購入し、台所の収納庫に入れていたのだが、ふと思いついたように口にする。

「ゴミだって重いし、年寄りには捨てに行くのが大変ですよね。ましてあの人、目が悪いしね。まぁ、だからって溜め込まれたらたまんないけど……」

せっかく片付けてもひと月もすればまたゴミ屋敷になりそう、軽く笑ったあとで「まぁ、あの人も寂しい人生ですよね」とぽつり漏らす。

最終電車に乗るための駅へとつづく夜道、レンタカーのハンドルを握りながら前を見据えたその目はどんな思いに揺れていたのか。ここから、今からどうするか、「毒母」だったタカさんとの向き合い方を探しながら、早苗さんの介護はつづいている。

第5章　「毒」なのか、それとも「老い」なのか

自身の親像からくる思い込み

老いた親と関わるときに生じるのは、親子関係の問題や介護の負担だけではない。子どもの側には「老い」という経験がないわけで、親の心身の状況を体感的に理解することはむずかしい。老いるとはどういうことなのか、その感覚や感情がどんなふうに動くのかは未知の世界と言えるだろう。

反面、親子の間には相応の歴史がある。一番身近な存在として寝食を共にし、喜怒哀楽を分かち合い、ときに対立や反発、愛憎が交錯するような時間を過ごしていく。良くも悪くも親との長い関わりの中で、子どもは自分なりの「親像」を固めてきた。

性格、経歴、長所や短所、子どもの側には親に対するさまざまな評価があるが、そこに少なからず占めるのが子ども時代に見た親の姿だろう。本書の中で登場する人たちも、幼いころに見聞きした親の姿、生活の様子や言動をしっかりと覚えていて、自分なりの親像を語ってくれた。

私の母はこういう人だった、親父にはこんなひどい面があった……、そんなふうに明かされた親の姿は、彼らにとってまぎれもない事実に違いない。その事実は事実として尊重した上で、もうひとつ別の面から考えたいことがある。「私の親はこういう人間」、その先入観が決め付けや思い込みを招き、ときに親との関係をよりむずかしくしてしまうのではないか、という点だ。

たとえば第2章で紹介した田島康代さん（六〇歳）。八四歳の母と同居する彼女は幼いころから母の言動に翻弄され、従属や忍耐を強いられてきた。老いて一層わがままぶりを発揮する母は些細なことに不貞腐れ、康代さんの呼びかけを無視したり、無言でにらみつけてくるという。

だが、彼女は母について「加齢性難聴で耳が遠い」、「テレビや映画のDVDを大音量で流す」とも語っている。こうした事実を踏まえたとき、母の「無視」や「無言のにらみつけ」は、もしや難聴のせいで言葉が聞き取れていないためかもしれない、そんな可能性が浮かび上がる。

取材後しばらくしてから「聞き取れていない可能性」を伝えてみると、康代さんはハッと息をのみ、「言われてみたらそうかもしれない」、「私は母の意地悪だと思い込んでいた」と口にした。

「生まれたときからずっと一緒に暮らしているから、母のことはイヤというほどわかっているつもりだったけど、近すぎて見えないこともあるんでしょうね。冷静に考えれば、意地悪ではなく耳が遠くて話が聞こえていないかもと思えるのに、毎日のストレスのせいで視野が狭くなっちゃうのかしら」

康代さんはそう言ったが、「近すぎて見えない」のは彼女に限ったことではないだろう。ましてや毒親は、その暴力性や支配力で子どもに強烈な負の印象を与える。「怖すぎて見えない」こともあるだろうし、「言いなりにならざるを得なくて考えられない」場合もあるはずだ。

それでも、高齢になった親にはすでに固まった親像とともに、老いという現実がある。たとえば彼らの暴力的な振る舞いが、そもそもの「毒」のせいなのか、それとも「老い」によるものなのか、これまでの先入観から離れて考えることがあってもいいだろう。

子どもの側にとっては未知の老いの世界、それはいったいどのようなものなのだろうか。

老化はすべての臓器に機能低下をもたらす

在宅医療専門医として二〇年の実績を持ち、多くの高齢者診療や介護現場に関わる東京トータルライフクリニック副院長・長屋直樹医師は、高齢者の身体的変化を次のように指摘する。

「老化はすべての臓器に機能低下をもたらします。視覚や聴覚、味覚、嗅覚、触覚の五感が衰え、脳、心臓、腎臓、肺、消化器、免疫力などすべての機能が衰える。しかも、ひとつの機能低下がまた別の機能低下につながっていくのです。たとえば歯が悪くなれば食べ物を噛むという咀嚼がうまくできなくなります。うまく噛めないわけだから、食べ物を飲み込んでいく嚥下機能も低下する。そのために栄養状態が低下して体力や免疫力にも影響し、さらに身体活動量の低下を引き起こすという悪循環になっていきます」

長屋医師は高齢者の代表的な身体的変化として次の九項目を挙げる。

・歯　三〇代は平均二八本　七〇代は平均一三本
・消化吸収能力の低下　例：カルシウムの吸収率　三〇代は三〇%　七〇代は一〇%
・筋力の低下　三〇代と七〇代を比較すると男性で約一八%、女性は約一〇%低下
・骨量の減少　三〇代と七〇代を比較すると女性は約二七%減少
・認知機能の低下　三〇代と七〇代を比較すると約一六%低下
・体重減少（特に除脂肪量のうち筋肉の減少）
・日常生活活動量の減少

・身体能力の減弱
・主観的疲労感の増加

筋力の低下、体重減少、日常生活活動量の減少、身体能力の減弱、主観的疲労感の増加のうち三つ以上が当てはまる場合には高齢による衰弱（フレイル）と診断され、介護保険の認定基準では「要支援」のレベルに入ってくるという。

「高齢者の場合、日常的に痛みに悩んでいる人も多いです。関節痛や腰痛があると動いたり歩いたりすることがむずかしいし、痛みによって気持ちが滅入る。便秘に悩む人も多くて、排便がうまくできないことからイライラが募ったりします。こんなふうに身体的な問題が精神的な問題を引き起こし、また別の悪循環に陥ることもありますね」

むろんこうした問題には個人差があり、すべての高齢者に同じような低下が生じるわけではない。それでも子どもの側から見た「元気すぎる親」や「わがままな親」、「横暴で傲慢な親」にも老いの現実は確実に忍び寄っている。今までふつうにできていたことができなくなったり、困り事が増えていったりする日々に、彼ら自身が不安や焦燥を覚えていることは推察できるだろう。

親がうつ病の可能性もある

さらに身体的変化は生活の変化にも直結する。たとえば視力が衰えた高齢者の買い物について考えれば、商品の値札の文字が見えないとか、スーパーへの往復の歩行中に段差につまずくとか、さまざまな問題が生じてくる。ようやく買い物を終えても自動精算機での支払いを求められたりして、慣れない機械操作に右往左往する高齢者も散見される。

とりわけ昨今の自動化やＩＴ化は高齢者にとって厄介だ。駅の自動改札、銀行のＡＴＭ操作、タッチパネルやＱＲコードの普及、「詳しいことはホームページを検索」、「今すぐスマホで簡単手続き」などという情報提供に困惑するケースは少なくないだろう。

身体的に「できない」というだけでもつらいのに、生活環境の変化や社会的な適応からも取り残されていく。それがいっそうの不安や焦燥を呼び、ときに怒りや攻撃性に結びついても不思議ではない。

「実は高齢者にはうつ病も多いのです。家に閉じこもっている、部屋の片付けができない、いつも不機嫌そうにしている、いきなり攻撃的になる、そんな親の状態に精神的な病気が潜んでいる可能性もあります」、そう長屋医師は解説するが、実際に高齢者の精神疾患は

図6　気分障害（うつ病、躁うつ病）の患者数

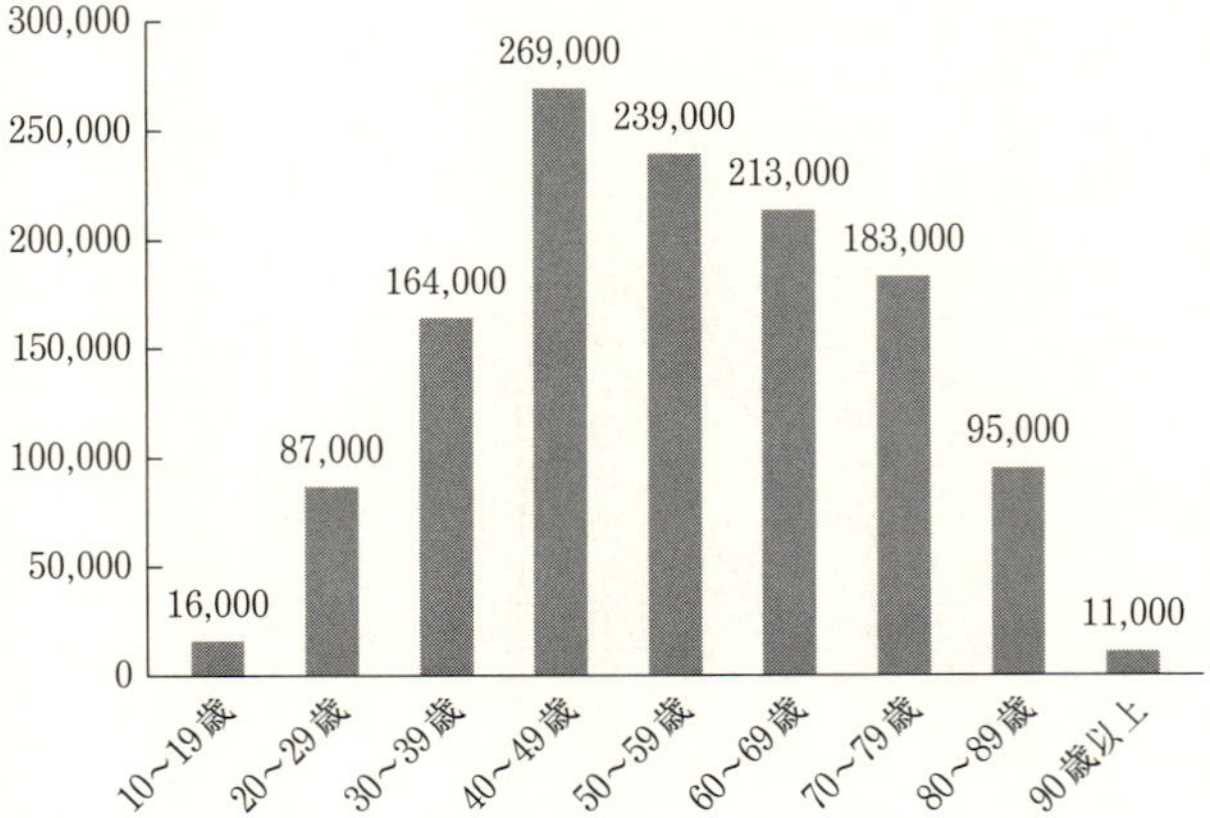

70歳以上の患者数の合計は約29万人。

出典『平成29年患者調査』（厚生労働省）

少なくない。

厚生労働省の『平成二九年患者調査』によると、「気分障害（うつ病、躁うつ病）」の患者総数は一二七万六千人。このうち七〇歳以上は約二九万人とおよそ四分の一を占める。

この数字は通院や入院など「患者」として認定された人数のため、認知症をはじめとする他の疾患と誤解されたり、単なる老化と思われているようなケースは含まれていない。長屋医師は「六五歳以上の一五％はうつ病という研究報告もある」（武田雅俊『高齢者のうつ病』日本老年医学会雑誌・二〇一〇年）と話すが、無気力やわがままな

親の背後に病気が潜んでいる可能性も考えられる。

「世間では高齢者はキレやすいという声が上がりますが、前頭葉の萎縮によって理性の抑制が効かなくなっているという脳科学者からの指摘もあります。毒親という観点で言えば、元々怒りやすい人、暴力的な傾向のあった人は、双極性障害（躁うつ病）などの可能性も考えられる。私が担当する患者さんの場合でも、正しい診断を経て適切な薬を服用することで、本人も家族も楽になるケースは多々あります」

一方で、家族や周囲の思い込み、決め付けから医療に結びつかないケースも少なくない。「私の親はこういう人間」、そんな先入観がかえって事態を悪化させ、親子の関係を決定的に分断させてしまう。

「毒親」と向き合う子ども側に苦悩があることは当然だが、一方で親の「老い」に関しては客観的な視点も必要だろう。親の問題のすべてを「毒」だと片付けるのではなく、心身の不調や加齢がもたらす問題と捉えることがあってもいいはずだ。

老年期にある「三つの危機」

身体的な機能低下や心身の不調に限らず、そもそも高齢者を取り巻く環境は厳しさを増している。前述した自動化やＩＴ化から取り残されることで社会に適応できず、地域の人間関係の希薄化、個人情報保護などの事情から他者との交流も持ちにくい。

心理学者のペック（Peck, R.）は、「老年期」には三つの危機の段階があると提唱した。「引退の危機段階＝退職や子どもの独立などアイデンティティーの危機」、「身体的健康的な危機段階＝加齢によって心身の健康が失われる危機」、「死の危機段階＝配偶者や親しい人の死、自分の死を現実のものとして予感することによる危機」だ。

喪失や別離、そして自分の人生のタイムリミットが迫るという老いの現実。それはたとえ毒親であっても同じであり、意識的にせよ、あるいは無意識にせよ、彼らは子世代よりもはるかに死に近い日々を過ごしている。

また、経済的な問題も深刻だ。厚生労働省の『国民生活基礎調査』（二〇一八年）によると、公的年金や恩給だけで生活する高齢者世帯は五一・一％。「生活が苦しい」と回答した高齢者は五五・一％に上った。本書の中でも年金生活で生活が困窮するケースを報告してきたが、心身の問題に加えて人とのつながりを失い、人生の限界を感じ、さらに経済的不安も増していることになる。

そうした老いへの理解を持つことで問題解決の糸口が見つかったり、親子関係が改善していく可能性は十分にあるだろう。一方で、そう簡単に解決しないのが認知症になった親を介護する子どもの苦悩だ。

認知症介護への周囲の無理解

「介護で一番苦労するのは認知症です。同じ介護と言っても、身体的に寝たきりになったような人の介護と認知症の介護ではまったく違う。認知症の介護は本当につらいし、混乱するし、疲弊する。でもだからこそ、正しい知識や理解、周囲に援助を求めることが大切です」

公益社団法人・認知症の人と家族の会副代表で、認知症介護の第一人者である川崎幸クリニック院長・杉山孝博医師はこう語る。

「身体的な老いというのは、実際に老いていない人でも想像できることがあります。たとえば健康な人が目隠しをして道を歩くとしたら、怖いし、不安だし、これは大変だと実感できます。だから視力が衰えた高齢者は大変だろうな、と理解を持てる。ところが認知症の症状は到底理解できない。便を壁に塗りたくる、お金を盗まれたと騒ぐ、誰もいない空間に向かってしゃべる、どれを取っても理解なんかできないでしょう？ ふつうの感覚で考えたらとんでもないことをしでかす人と向き合わなくちゃいけない、これは誰が考えたってつらいことですよ」

さらにつらいのが周囲の無理解や批判だ。詳細は後述するが、認知症には「まだら症状」という病態が出ることが多い。あるときはまったく正常に見えるが、別のときには理解不能なことをするというように「まだら」で症状が出現する。

また、一番親しい人、親身に世話をしてくれる介護者の前では強い症状が出るが、ときどき会う人や目上の人などに対してはしっかりした言動を見せるという特徴もある。近所や親戚、離れて暮らす子どもからしたら「ふつうに見える」ため、実際にはどれほどひどい状況でもその深刻さが伝わらない。

介護を担う人がつらさや苦しさを訴えても、「あなたのやり方が悪い」、「あんなにしっかりしてる人なのに、どこが大変なの？」、「大げさだ」などと批判されたりする。

「寝たきりの高齢者、たとえば手足が動かせない人を介護しているとなれば、『それは大変だ』となるでしょう。けれども認知症は、その独自の症状から周囲の理解が得られにくい。だから介護者は絶望と不信に苦しみます。また、そもそも介護している人自身が認知症への理解を持っていないことも多い。そのためなおさら混乱し、つらい状況に陥ってしまうのです」
一般的な認知症のイメージは「物忘れ」や「徘徊」などが多いが、実際にはその症状は多彩だ。ウソつき、意地悪、暴力的、嫌がらせをする、そんなふうに思われる高齢者が実は認知症の場合も多いという。
また、代表的な認知症であるアルツハイマー型の場合、ある日突然発症するというより、長い時間をかけて進行すると考えられている。そのため単なる老化現象や従来からの性質、歪んだ性格などと誤解され、本人はもとより周囲にも混乱状態がつづいてしまう。

認知症の「九大法則」

杉山医師は認知症について「九大法則」を挙げている。

・法則一　記憶障害に関する法則

記銘力の低下：話したことや見たこと、行ったことなどを直後に忘れてしまうほどの物忘れ。
全体記憶の障害：食べたことなど体験したこと全体を忘れてしまう。
記憶の逆行性喪失：現在から過去にさかのぼって忘れていく特徴があり、昔の世界に戻ってしまう。

・法則二　症状の出現強度に関する法則

認知症の症状は、より身近な人に対して強く出る。介護者にもっともひどい症状を示し、別居の子どもやときどき会う人、目上の人の前ではしっかりした言動になる。

・法則三　自己有利の法則

自分にとって不利なことは認めない。失禁しても「漏らしていない」と言い張るなど、自分の能力低下を本能的に隠そうとする。

・法則四　まだら症状の法則

認知症になったからといって、いつも症状が出ているわけではない。しっかりした面がある一方、常識的ではない行動を取ったりするなど、正常な部分と認知症の症状が混在する。

・法則五　感情残像の法則

言ったり聞いたり行動した記憶はすぐに忘れるが、そのときに抱いた感情だけは残像のようにしばらく残る。

・法則六　こだわりの法則

ひとつのことに集中すると抜け出せない。まわりの説得や否定はこだわりを強めてしまう。

・法則七　作用・反作用の法則

介護者が強く対応すると、強い反応が返ってくる。本人を受け入れて穏やかに接すると、認知症の人も穏やかになる。

・法則八　認知症症状の了解可能性に関する法則

老年期の知的機能低下の特性から、すべての認知症の症状が理解、説明できる。

・法則九　衰弱の進行に関する法則

認知症の人の老化の進行は、認知症ではない人の約二〜三倍のスピードで進むと考えられている。いつまでも同じ状況がつづくわけではなく、介護する期間はそう長くない。

認知症患者の激しい言動は二次的に発生する

これらの法則のうち、ウソつきや意地悪などと捉えられがちなのが「自己有利の法則」だろう。たとえば「サイフがない」と大騒ぎする親を前に子どもが一緒に探してみると、本人が使っている引き出しから見つかったとする。子どものほうが「ここにあるじゃない、自分でしまったんでしょ」と言っても、親は「自分はそんなことはしていない。誰かがそこに隠したんだ」などと怒り出す。

失禁して下着が汚れていても「汚れていない」と言い張り、部屋が汚くても「三日前に掃除したばかりだ」と主張する。ときには「毎日怒られてばかりだから、私は四面楚歌だよ」、そんなふうにむずかしい言葉で反論したりするため、周囲からは到底認知症とは思えない。むしろ、「言い訳ばかりしている」とか、「どうしてこんなひねくれ者なんだろう」などと怒りを覚えてしまう。

だが、ウソや意地悪、嫌がらせのように思える言動は、「認知症に普遍的に認められる特徴」だという。杉山医師はこうした特徴の背景を次のように解説する。

「人には自分の能力低下や生存に必要なものの喪失を認めたくないという自己保存の本能が備わっています。私たちがあからさまなウソをつかないのは、『ウソとわかったら自分の立場が悪くなる』と推理、判断できるからです。ところが認知症になるとこの推理力や判断力が低下していく。だから本能のまま、自分を守るための言動をしてしまう。ウソをつく、自分に都合のいいようにごまかす、自分をかばうために周囲からの指摘を否定する、それらは認知症の症状だと捉えていいでしょう」

もうひとつ、暴力をはじめとする激しい言動についても同様に考えられる。暴言や暴行、興奮、拒否、強いこだわりなどを示されたとき、それは当人の「毒」のせいなのか、それとも認知症の症状という「老い」に起因するものなのか、冷静に考える必要があるという。

たとえば親が着替えをしたがらない、入浴を拒むといった場合、介護する子どもは「不潔だ」と考える。「着替えろ！」、「汚い！」と怒鳴ったり、無理やり服を脱がせて浴室に連れて行こうとすることもあるだろう。

そんな場面で親が突然殴りかかってくれば、子どもは親に「暴力をふるわれた」と受け取る。とりわけ毒親のように従来から暴力的な親ならば、「こいつは昔からこうだった」、「私の親は年を取ってもまったく変わっていない」と解釈してもやむを得ない。暴力行為を悔い改めない親に失望し、介護する苦労を理解しないことに憎しみを募らせても無理からぬことだ。

だが認知症の場合には「激しい言動は二次的に発生する」、そう杉山医師は考えている。

「親に暴力をふるわれた、親が急に怒り出して手がつけられない、そんなふうに訴える人はたくさんいます。けれどもこうした暴力行為は、周囲の人の言動に対する反応、つまりリアクションではないかと私は考えています。誰かが無理やり何かをしようとした、その一次的な言動に対して二次的に反応し、怒りやこだわりを生じさせている。九大法則の『感情残像の法則』や『こだわりの法則』、『作用・反作用の法則』に該当するもので、周囲の無理な説得や否定が激しい言動を誘発していると思われます」

前述した着替えや入浴時の暴力について考えれば、認知症の当人にはその行為の必要性を理解できていない可能性もある。さらに「人前で裸になるのはイヤだ」とか、「浴室の床がすべるので怖い」とか、「お湯がいっぱい張ってあるから熱そうだ」などという不安が生じていることも考えられる。

そんな自分の気持ちを説明できないうちに、「汚い」と無理やり服を脱がされようとしたため、不安が高じて暴力になる、こんな解釈が成り立つという。

激しい言動を理解するための三原則

とはいえ、実際に認知症の人の激しい言動に向き合うのは容易ではない。暴言や暴力にさらされれば誰でも恐怖を覚えるし、何を言ってもやっても拒否されれば心が折れる。いくら「認知症だ」、「それは症状だ」と伝えられたところで、自分の親はなぜこんなことをするのか、いつまでこんなことがつづくのか、その苦悩は簡単に拭い去れるものでもないだろう。

ではどんなふうに介護をつづければいいのか、鍵となるのは「理解」と「工夫」だ。杉山医師は「激しい言動を理解するための三原則」として次の項目を挙げる。

・第一原則　本人の記憶になければ本人にとっては事実ではない

「記憶障害は認知症のもっとも特徴的なもののひとつです。直前に話したことも忘れていたり、食事をしたこと、デイサービスに行ったことなど体験したことをすっかり忘れていたりする。周囲にしたら『何度も同じことを言わないで』とか、『今、ご飯を食べたばかりでしょう』などと説明しますが、本人は納得しません。なぜなら本人の記憶からは消えているからです。周囲の人が言うことは本人にとっては『ありえない話』ですから、私をだまそうとしている、そんなふうに猜疑心を募らせることになりかねません」

この状況は、認知症ではない人にも置き換えることができる。たとえば誰かから「貸したお金を返してください」と言われたとき、「借りた記憶」がなければ当然否定するだろう。相手が「いや、アンタに貸したんだ」と言い張ったところで、こちらの記憶にないことなら逆に相手への疑いや嫌悪感が増すばかりだ。

「すっかり忘れている」人に対して、正論で対抗しようとしても効果がないばかりか、むしろ疑念や混乱を生じさせる。それがさらなる堂々めぐりを呼び、苦悩と疲弊を深めてしまう。

・第二原則　本人が思ったことは本人にとっては絶対的な事実である

記憶にないことは本人にとって「事実ではない」一方で、本人が思い込んだことは「事実だ」とこだわる特徴がある。たとえば「子どもが私のお金を盗んだ」、「昔の同級生が会いに来てくれた」などと、事実ではないことを頑なに信じ込んでしまう。

「お金を盗んだなんて騒がれたら、周囲の人は通帳を見せて『盗んでいないよ』と説得しがち。誰も来ていなければ『そんな人はいない』と否定するでしょう。けれども本人にとっては絶対的な事実ですから、説得や否定はかえって激しい反発を招くのです。まずは受け止めてからじょうずに別の話題に切り替える、それが現実的な対応策と言えますね」

たとえば食事を済ませた直後に「ご飯を食べていない」と言う認知症の人は多い。「食べてないはずないでしょ。今食べたばかりなのに」と否定したところで、本人にとっては「食べていない＝事実」である。

そんなときは、「そう、お腹が空いてるのね」と一旦受け止め、「これからご飯を作るからそれまでお菓子を食べて待っていて」と煎餅でも渡しておく。それで本人が納得すれば、「食べた」、「食べていない」の応酬がなくなり、そのぶんイライラせずに済む。

「認知症の人はある時期、異常な食欲を示すことがあります。食べても『食べてない』と言い張るときには、実際にお腹が空いていると考えてもいいでしょう。動きが活発でエネルギーを消費していたり、栄養の吸収効率が悪くなったせいでたくさんのカロリーを必要としている、そう考えれば二人前食べても不思議ではありません。こんなふうに介護する人が認知症への理解を持つことで、対応方法や関係性はずいぶん変わってくるのです」

本人の話に合わせて、じょうずに演技するような工夫も大切だという。たいていの場合、子どもは認知症の親に対して「正しく答えよう」、「相手を説得したい」、「ダメなところは注意しなくては」などとまじめに考えがちだ。そのため何度も教え込もうとしたり、躍起になって訂正しようとする。それでうまくいけばいいが、現実にはかえって認知症の症状を悪化させることも多い。

「まじめに対応するよりも、うまくとぼけたり、適当に相槌を打って聞いているふりをしたほうが早い。『お金を盗んだね、早く返して』と言われたら、『今、手元にないから明日銀行に行ってくるね』と穏やかに笑ってみせましょう。演技でいいから本人の思い込みを受け止めてうまく合せたほうが親は納得するし、子どもも楽になります」

・第三原則　認知症が進行してもプライドがある

子どもから「そんなことをしてはダメ」などと言われるとプライドを傷つけられたと感じ、怒り出したり暴力的になったりする。「オムツをするなんて人として終わりだ」とか、「失禁して恥ずかしい」とか、「人前で裸になるのはイヤだ」などというのもプライドがあるからこその反応だ。

人としての当然の自尊心を無視されて、「こんなにバカになって」、「なんにもできないくせに」と責められれば本人にとってはたまらない。傷つけられたことに対して興奮し、暴言や暴力などの激しい行動が生じても不思議ではない。

「認知症が進行するというのは、知的機能も身体機能も低下していくことです。子どもの側にしたら、『昔は頭がよかったのに、こんなこともできないの』と嘆きたいでしょうが、認知症の進行に伴って症状はますますひどくなります。それよりも、部屋は汚いがひとりで生活できている、外出はできなくても家の中ではマイペースで暮らしている、そんなふうに切り替えて対応したほうがいい。それから、『褒めじょうず』になることも大事です」

認知症になってもプライドがあることを理解し、役に立ちたいという親の気持ちを引き出していく。「洗濯物をたたんでくれる？」、「一緒に昔の歌を歌いましょうか」などとできることを見出し、「お母さんのおかげで助かりました」、そんなふうに褒めじょうずになる。親の自尊心を満たすことで明るくなったり、穏やかになっていく場合も多いという。

介護者の四つの心理的ステップ

「親を介護すると言っても、さまざまな形があるものです。介護に疲れ切ってすべてを投げ出したいと悩む人は多いし、あることがきっかけでそれまでの混乱から抜け出す人もいます。そもそもはじめからうまく介護ができたり、認知症の親への理解や共感を持てるような人などいません。つらい時期、混乱する時期は確かにありますが、それがずっとつづくわけではないと知っておくことも大切でしょう」

杉山医師によると、介護を担う家族には四つの心理的ステップがある。

第一のステップは「戸惑い・否定」。認知症の人の異常な言動に戸惑い、否定しようとする。悩みを周囲に打ち明けられず、ひとりで苦しむ時期だ。

第二のステップは「混乱・怒り・拒絶」。認知症への理解が不十分なため、どう対応していいのかわからず混乱し、些細なことに腹を立てたり叱ったりする。身体的、精神的に疲労困憊し、認知症の人を拒絶しがちだ。

第三のステップは「割り切り、またはあきらめ」。怒ったり、イライラすることが「自分の損になる」と思いはじめ、割り切ったり、あきらめの境地に至る。第二ステップと同じ症状を前にしても、第三ステップでは問題性が軽くなる。

第四のステップは「受容」。認知症に対する理解が深まり、あるがままの本人を受け入れることができるという。

四つのステップのうち、もっともつらいのが第二ステップだ。混乱し、疲弊する子ども側にしてみれば、異常な言動を繰り返す認知症の親はまさに「毒親」だろう。捨てたい、早く死んでほしい、そう思っても無理はないが、だからこそ「この時期を乗り切るために必要なことがある」と杉山医師は言う。

「ひとつは認知症への知識と理解を持つことです。次に医療や福祉サービスなどを積極的に利用すること。支援を受けることで専門職の人と接し、適切なアドバイスや協力を得られます。それから、気楽に相談できる存在を持つことも大事です。認知症の人を介護した経験のある人や家族の会などに参加して仲間と悩みを共有する。『私も同じ苦労をしている』、『排泄の失敗は本当に困るよね』、そんなふうに言い合える人がいると、つらい時期の乗り切り方がずいぶん違うものです」

ここでは認知症を前提にしているが、「乗り切るために必要なこと」は身体的な介護や高齢期の症状全般に共通する。「老い」について知ることで誤解や思い込みから解放され、親子の関係性が変わる可能性は十分にある。医療や福祉サービスを積極的に利用することで、自分の負担が軽くなるだけでなくさまざまな情報も得られる。

一方で、老いへの知識や理解を持てるほどの余裕がなかったり、社会的サービスにうまく結びつかなかったりするケースもあるだろう。「親が介護申請を拒否する」、「介護サービスを受けたくてもお金がない」、そんなふうに入り口の段階で躓いている人もいるはずだ。

兄弟や親戚などとの関係性に悩んだり、仕事との両立がむずかしかったり、介護そのものではなく周辺の問題に苦しむ場合も少なくない。

「介護がつらい」、その一言の中に、体のつらさ、心の重さ、人間関係の悩み、お金の不安、多様な苦悩が潜んでいる。次章では介護にまつわるさまざまな問題への対応方法を紹介するとともに、「毒親」との今後について考えてみよう。

第6章　毒親介護に希望はあるか

親を「捨てる」のも選択肢のひとつ

ここまで、毒親との関係性に悩む子世代の事情や介護の問題について述べてきた。老いてなお横暴な親に失望したり、一見弱者の親に翻弄されたりする子どもの側は、憎しみや嫌悪、ときに葛藤を覚えている。これからどうすればいいのだろう、この状態がいつまでつづくのか、そんな思いを抱えながら手探りの日々を送る人たちに、本書のまとめとしていくつかの選択肢と対応方法を挙げてみたい。

まずは親との関係性についての選択肢、ここには大きく二つがある。「捨てる」と「関わる」だ。

親を捨てる、別の言い方をすれば逃げるとか、縁を切ることになるだろう。世間一般からすれば「親を捨てるなんてとんでもない」と非難されるかもしれないが、捨てるという選択肢を知っておくのは大切だ。

介護・暮らしジャーナリストで、遠距離介護を支援するNPO法人パオッコの太田差惠子理事長は、「親への憎しみが募る一方だったり、自分が壊れそうになっているのなら、捨てることを考えていい」と話す。

「親孝行は美談で語られがちです。介護は人を成長させる、つらいことがあっても乗り越えられる、そんな声は多いし、確かにそれも事実でしょう。けれども現実に、今まさに毒親に苦しんでいる人にとってはきれいごとに聞こえるかもしれません。そんなきれいごとを拠りどころにしてがんばれというのは酷だし、どうしようもなくつらいのなら捨てるという選択を考えていい。毒親に関わることで破滅するくらいなら、自分の人生を優先していいんです」

太田さんによると、毒親介護でむずかしいのは「見極め」だという。死んでも関わりたくないほどの毒親なのか、少しくらいは助けてやろうと思えるのか、見極めができずに悩む人が多い。気持ちの整理ができない場合にはひとまず専門の相談機関に出向き、親との関係性について率直に伝えるといい。

「各地域には、高齢者の生活や介護の相談窓口である地域包括支援センターがあります。自分だけでいいので、まずはここを訪ねて親がどんなサービスを利用できるのか確認してください。過去に虐待されていた、親が暴力的、家族関係が悪い、そういう事情があるなら隠さず伝えましょう。その上で親に関わらないのか、それとも何かできるのか、相談員と話し合うことが大切です」

「捨てる」としたら、必ず行政につないでおく。やみくもに介護放棄をすると保護責任者遺棄罪などに問われる可能性があるからだ。また、自分が親と絶縁すると別の身内に面倒が及ぶこともある。兄弟や親戚には事前の状況説明も必要だ。

一方で、実務的な問題とは別に感情的な迷いを断ち切れない人も少なくない。老いて弱々しい親、惨めささえ感じさせるような親を本当に捨てていいものか、そんな罪悪感を拭いきれないときには発想を転換する。太田さんはその切り替え方を次のように示す。

「世の中には子どものいない高齢者がたくさんいる。でも、みなさんふつうに生きてますよね。子どもの世話にならなくても医療や介護は受けられるし、頼れる身内がいない人には相応の行政サービスがあります。つまり、自分が背負わなくてもどうにかなると割り切ってもいいんです」

子どもがいない高齢者でもふつうに生きている、この事実を心の片隅に留めておく。それは「自分が捨ててもどうにかなる」という気持ちの整理に役立つし、罪悪感を手放すためのひとつの考え方になるだろう。

太田さんが言うとおり、毒親との関係性はきれいごとだけでは済まない。昨今報道される凄惨な児童虐待事件からもあきらかなように、非情で非道な親は残念ながら存在する。

一見立派な親が絶えず子どもの心を踏みにじり、精神的に追い込むことも少なくない。苛烈な暴力や理不尽な支配を受けてきた人にすれば、自身の苦悩の元凶である毒親との関わりなどあまりにつらいものだろう。

自分の人生を破滅させないために親から逃げる、子どもにはその選択があっていい。そもそも毒親が「子どもに捨てられるようなひどいことをしてきた親」ならば、真に責められるべきは彼らであり、あるいは自業自得とも言えるだろう。

どこまで関わるか、一線を引く

もうひとつの選択肢、「関わる」についてはさまざまな形がある。逃げる、縁を切るといった決定的な断絶を望まない場合には、「少しだけ関わる、少しくらいは助けよう」と考えてみる。できれば「少し」の範囲を具体的に決め、あらかじめ一線を引いておくことが大切、そう太田さんは言う。

「たとえば親が施設入所となったとき、面会には行かないけれど身元保証人にはなるとか、万一のことがあったら葬式だけは出そうとか、自分で自分の関わる範囲を決めておくといいでしょう。地域包括支援センターで相談するときも、ここはやるけれど、それ以外はお願いしますなどというように具体的に伝えてください。また、相談員には子ども側の事情がわかりません。住宅ローンや教育費が大変、失業中、持病がある、そんな事情を話した上で、親との関わり方について相談をすることをお勧めします」

一方で、関わる範囲を決められないまま親と向き合わざるを得ない人も少なくない。とりわけ毒親に苦しめられてきた人たちは、実家と疎遠だったり、親族との関わりを避けていたりする。親子関係に長い空白があるため、現在の親の健康状態や生活状況を知らない場合も多い。

そうした状態で、親の急病や入院、生活困窮などの問題が降りかかってくる。関わり方を考える余裕や心の準備のないまま、いきなり介護がはじまる場合もあるだろう。

「それでも最初の心構えは大事です。昔の親子関係の問題、たとえば親は私にこんなひどいことをしたとか、ずっと親が嫌いだったとか、そういう過去の事情が入ってくるとつらくなる。そこだけは気づいていたほうがいいと思います」

介護する人の支援や相談業務を行うＮＰＯ法人介護者サポートネットワークセンター・アラジンの牧野史子理事長は、「介護は勢いだけで手をつけないこと」とアドバイスする。

突然介護がはじまれば誰しも戸惑うが、親と疎遠だったり、親子関係が悪かったりするとなお混乱してしまう。親の意思や生活状況がわからないまま、とにかくなんとかしなくてはと見切り発車する人もいるが、そんなときは「自分の特性」や「キャパシティー（許容量）」を考えたほうがいい。

「親のことはわからなくても、自分のことならわかりますよね。だからまず自分の得意や不得意、ついがんばりすぎてしまうとか、落ち込みやすいとか、そういう特性を考えてみてください。その上で自分はこれくらいなら許せそう、ここは無理、そんな意識を持つことが大切です」

いったいなぜ自分の特性を知っておく必要があるのか、牧野さんは介護に潜む「支配」の問題を指摘する。親のためにがんばらなくては、親には自分しかいない、そんなのめり込みがときに相手への支配につながるからだという。

とりわけ毒親に悩んできたような人たちは、親に愛されたい、自分を認めてほしい、感謝や後悔の言葉を聞きたい、そんな切なる思いを秘めている。本書で紹介した事例でも、「（親が）死ぬ前に、ありがとうと心の底から言わせたい」、「お詫びでもお礼でもなんでもいいから言ってもらうために、（介護を）投げ出すわけにはいかない」、そう話した人がいた。

「介護は人の生きがいになってしまうことがあります。要介護者（介護を受ける人）と介護者（介護をする人）の間にカプセルができて、双方が互いに依存しあうのです。親は子どもの世話にならないと生きられない、世話する子どものほうも介護を自分の使命のように捉えてしまう。かつて強者だった親が自分を頼ってくれるのはうれしいことでしょうが、尽くしすぎるのはかえって危ない面もあります」

かつて親に愛されなかったからこそ、せめて今から愛されるためにがんばりたい、それは無理からぬことだろう。だが、「尽くしてあげている」という思いは「だから自分は報われるべきだ」、そんな感情につながっていく。報われるためには結果が必要、それも自分が満足する結果がほしくなる。

牧野さんが扱ってきた介護相談の中に、その典型例があるという。親子ではなく夫婦のケースだが、企業戦士だった元エリートの夫が認知症の妻を介護していたものだ。

「夫は妻を献身的に介護していると誇らしげでした。認知症の進行を止めるためだと言って、妻に算数や漢字のドリルをがんがんやらせる。そうして少しでも問題を解けると、ほら、僕のお陰でこんなにできるようになったと胸を張るのです。でもそれは相手のためというより、自己満足のために強制していることでしょう。夫をエリート息子や几帳面な娘に、妻を老いた親に置き換えると、実はこうしたケースは少なくない。介護によって親を支配する、介護が子どものアイデンティティーになってしまうと、結局は『ほかの人には任せられない』と自分だけで抱え込みます。一生懸命尽くされているのですが、介護をしている方の本音はつらい場合もあります」

介護をめぐる兄弟間の不公平感

介護はある意味怖いもの、そう牧野さんは言う。だからこそ自分が主体的に親の介護に関わるのか、それとも間接的に関わるのか、こうした選択も大切だ。

間接的な関わりから言えば、たとえば兄弟の誰かに任せて自分は遠くから見守る、使えるだけの介護サービスを利用して「他人介護」の体制を整える、親を施設に入所させる、そんな方法があるだろう。このうち他人介護と施設入所については公的支援や経済的な基盤で解決できる部分が大きいが、問題になりがちなのは兄弟姉妹との関係性だ。

複数の子どもがいながら特定の人に親の介護が集中すれば、どうしても不公平感が生じる。兄弟間の軋轢や押し付け合いで、親族関係が破綻することもあるだろう。こうした介護分担の問題について、パオッコの太田差惠子さんは次のように言う。

「理想では兄弟でチームを組んで、互いに相談しながら役割分担をするという方法があります。ただ、親への気持ち、現在の自分の生活、仕事や経済状況など兄弟間には温度差がありますから、実際にはむずかしいケースのほうが多い。頼んだのにやってくれないと裏切られたような気持ちになるし、頼りにならない兄弟がいれば腹も立ちます。受け身で介護を遠ざけるより、自分が主導権を握ったほうがストレスにならない場合もありますね」

同様の指摘は、アラジンの牧野史子さんからも挙がる。

「兄弟との関係性が保てている人は、とにかくみんなで集まって話し合ってみてください。間接的にしか関われないという人は、これくらいなら介護費用を負担するとか、できるだけ具体的な意見を伝えたほうがいい。逆に兄弟がアテにできない場合には、自分は一人っ子だと思いましょう。余計な手出しや口出しをされるくらいなら、自分が主体的に動いたほうが早い。ケアマネさんをはじめ介護を助けてくれる人はいくらでもいるし、介護者の家族会などに参加すればいろいろな相談ができ、本音を打ち明けることもできますから」

さらに牧野さんは、「親の介護に関わらない子どもにも、実は複雑な気持ちがある」という。そのひとつは意外にも嫉妬、つまり老いた親の近くにいられる兄弟姉妹に対するうらやましさだ。

「親が介護状態にあるというのは、人生の残り時間が少ないことでもあります。その時間をともに過ごせる子どもは、親子関係の最終盤に親を独り占めしているわけです。確かに介護は大変ですが、介護に関わらない子どもからすると案外寂しかったりする。老いた親とたいして話もできない、どんな様子なのかわからない、だから親の近くにいる兄弟のことがうらやましくなったりするのです」

介護をしなければ楽、ふつうはそう考えがちだ。それでも牧野さんが言うように人の心は複雑で、楽だが寂しい、そんな気持ちが生じることもあるのだろう。

逆に介護を担う人には負担があるからこそ、乗り越えたあとの達成感や安堵感を得られるとも言える。良くも悪くも作り上げた「親子の思い出」は介護を通じてなお濃くなるかもしれないし、親の人生の残り時間を目の当たりにして学べるものもあるだろう。

では主体的に、自分が親の介護を担わなければならないときには、どんな進め方や向き合い方をすればいいのだろうか。

訪問診療から介護保険への道筋を作る

本書で何度か述べてきたように、介護が必要と思われる親を介護サービスに結びつけていく段階でつまずくケースは少なくない。「介護なんていらない」、「私はひとりで大丈夫」、そんなふうに頑なな親をどうすればいいのか。前出の東京トータルライフクリニック副院長・長屋医師はこうアドバイスする。

「介護保険の利用を勧めても、拒否する高齢者は珍しくありません。一方、持病や体の不調を抱える人は多いので、医師や看護師などの医療スタッフの力を借りることをお勧めします。無理に介護保険につなげようとするのではなく、まずは後期高齢者医療保険など親が加入する医療保険を使うわけです。たとえば訪問診療をしている病院に往診を頼む、地元の訪問看護ステーションに連絡して看護師さんに自宅に来てもらう、そのほうが高齢の方には応じやすいと思います」

昔ながらの価値観を持つ高齢者には、「医師」という社会的立場に一目置く人が少なくない。家族や介護関係者のことは下に見ても、「先生の言うことなら聞きます」などと医師の指示には素直に従うケースも散見される。また、「介護」という言葉には抵抗感を持ちやすいが、「診察」や「治療」なら受けたいという場合も多い。そんな高齢者の心情を汲んで、まずは医療の面からアプローチする。

往診の医師や訪問看護師から介護保険の利用を勧めてもらえるだけでなく、ケアマネジャーへの仲介、介護制度の情報なども得られやすい。第3章で紹介した事例では、介護保険の申請に必要な「主治医の意見書」を入手できずにいたが、往診の医師を確保すればこの手の問題も解決できる。

「訪問診療や訪問看護の情報は、行政の窓口や地域包括支援センターで得ることができます。日頃から高齢者を往診する医師なら、お年寄りとのコミュニケーションにも慣れている。相手の気持ちをうまく受け止め、またご家族の事情も踏まえながら、医療や介護の体制作りに力を貸してくれるでしょう」

訪問診療を行う診療所の中には、二四時間、三六五日体制の「在宅療養支援診療所」と呼ばれるものがある。年中無休で深夜や休日にも対応可能な上、親が通院する際のタクシー代や待ち時間がかからない。長屋医師の勤務するクリニックはそのひとつだが、こんなふうに医療からのアプローチで介護につなげるという方法を知っておくといい。

ケアマネジャーに具体的に相談する

介護保険の申請と認定まで進むことができたら、介護の要となるケアマネジャーの協力が得られる。ケアマネジャーは介護支援専門員とも言うが、介護福祉士や看護師など介護や医療、福祉に関する資格を持ち、実務経験五年以上の介護の専門家だ。

東京都にあるウェルビーイング21居宅介護支援事業所のケアマネジャー・山田理恵子さんは、その役割として大きく二つを挙げる。

「ひとつは高齢者本人の状態や本人と家族の要望、何に困っているのかを的確に捉え、どんな介護サービスをどれくらい受けるかというケアプランを作成すること。プランに合わせて介護サービスを選ぶお手伝いをします。もうひとつはコーディネーターの役割です。介護保険のサービスはもちろん、行政窓口や医療機関との連携、家族間や兄弟間の調整や離れて暮らすご家族への連絡なども行います」

介護の仕事に携わって三〇年以上のキャリアを持つ山田さんは、さまざまな家族の相談に乗ってきた。「介護がつらい」、そう訴える人は多いが、漠然とつらいと思っているだけでは解決しないという。

山田さんによると、介護のつらさの原因は主に三点ある。ひとつは肉体的な疲労、二つ目は人間関係のもつれからくる心のつらさ、三つ目が介護に関するお金の問題だ。

「夜中に何度も起こされて眠れない、体力的に限界、一生懸命やっているのに親は文句ばかり、兄弟は何もしないのに口だけ出す、介護費用の負担が重くて自分の老後が心配、そうした悩みは紙に書き出すなりして、自分のつらさのもとを整理するといいでしょう。その上で、たとえば体がつらいなら介護サービスを増やすとか、お金の問題は行政に相談するとか、具体的な解決方法を探していくのが大切です」

つらさのもとがわかればケアマネジャーへの相談が具体的になり、応じるケアマネジャーのほうも動きやすい。たとえば「兄弟は何もしないのに口だけ出す」という悩みなら、ケアマネジャーが兄弟に連絡を取り、「ほかのご家族のお話も聞きたいので、一度顔合わせをお願いします」などと呼びかけてくれる。

自分の生活や仕事についてもケアマネジャーに相談できる。「フルタイムの仕事をつづけたい」とか、「夜勤があるので昼間は眠りたい」とか、具体的な内容を伝えることでより適切な介護サービスの利用が可能になる。

一方、山田さんは「介護保険にはできることとできないことがある」と注意点を指摘する。

「ヘルパーさんがちゃんと世話をしてくれない、といった不満が出ることがあります。単に相性の問題なら別のヘルパーと交代すればいいのですが、実際には高齢者本人やご家族に誤解がある場合も少なくありません。たとえば介護保険の生活援助で行う掃除は日常的なものだけと決められていて、大掃除や庭木の手入れなどは適用外です。ご家族の部屋の掃除やペットの世話などはヘルパーに頼めませんし、たとえ頼まれてもヘルパーはできません。こんなふうに何ができて何ができないのか、介護保険の使い方についてもケアマネジャーにしっかり確認してください」

介護を楽にするポイント

介護保険ではさまざまな介護サービスが受けられる。ケアマネジャー、ヘルパー、医師や訪問看護師などのスタッフが、それぞれの専門分野で力を貸してくれる。

一方、介護保険や介護サービスでは生活のすべてを支えられず、家族の協力や経済的な基盤が必要になる場合も少なくない。特別養護老人ホームのような高齢者施設では入所待ち、介護職員の不足も深刻化し、「介護を頼みたくても場所がない、人もいない」という状況が増えている。

自宅に他人が入るのはイヤだ、デイサービスに行きたくない、施設など絶対にお断り、そんなふうに拒否感を露わにする高齢者も多いことを考えると、家族には相応の負担が避けられないだろう。

それでも「介護は工夫次第で楽になる」、そう話すのは前出の川崎幸クリニック院長・杉山医師だ。認知症の人と家族の会副代表でもある杉山医師は、多くの介護現場に関わってきた。豊富な実績と経験から、「介護を楽にするポイント」をこうアドバイスする。

「夜中に寝ないで大騒ぎする認知症の親に、『真夜中だし、近所迷惑になるから静かにしろ』と言っても寝てくれません。それより、『お父さんの好きなおまんじゅうがあるから、よかったら食べない？　おいしいうちに食べましょうよ』とうまく勧めて食べさせる。そのあとで、『おいしいものを食べると眠くなるわね。私は休みますから、お父さんも寝てくださいね』などと話を持っていくと寝てくれることがあります。夜中に食べさせるなんて、といった常識にとらわれず、その場そのとき臨機応変に対応したほうがうまくいくことが多いのです」

こうした例はさまざまな場面で応用できるという。たとえば耳が遠くなった親に何十万円もする補聴器を装着させても、勝手にはずしたり、置き忘れたりする場合もある。特に認知症の人では「耳の中の違和感」が我慢できず、どこかにポイッと捨ててしまったりする。

高価なものが無駄になれば家族は怒り心頭だろうが、「難聴の親と話すときには、ひとまず百円ショップで売っているメガホンを使ってもいいのです」と杉山医師は言う。「難聴には補聴器が必要」と常識的に思い込まず、とりあえず簡単なことから試してみる、そんな発想の転換が介護を楽にするというのだ。

認知症では「自分の排泄した便を壁やドアに塗りたくる」といった状態もある。介護する子どもからすれば親の異常行動には目を覆いたくなるし、絶望的な気持ちも湧くだろう。親を許せず、怒りや困惑で心身ともに追い詰められることも多いが、こうした問題も「理由を知って工夫する」と対応しやすい。

「残尿感とか、便が出きっていない感覚があると、私たちだってスッキリしませんよね。認知症の人は身体機能が低下しているため、なおさらモヤモヤと気持ち悪いのです。お尻まわりをさわって便を出そうとする、ちゃんと出ているか確かめたくなるのは自然なこと。その過程で指に便がついてしまうと、今度は指の汚れが気になります。ふつうなら洗い流すとか、トイレットペーパーで拭ったりしますが、認知症の人にはこの行動が思い出せない。だから壁やドアに指をこすりつけて、きれいにしようとするわけです」

こんなふうに認知症の人の行動には当人なりの理由や事情があるのだが、常識的な考えでは理解できない。家族は説得や説明を繰り返し、叱ったり罵ったりして心身ともに疲弊するが、だからこそ工夫と発想の転換が必要だ。

「認知症の親にすれば『お尻が気持ち悪い』、『指をきれいにしたい』わけです。いくら叱ってもうまくいかないのなら、安いビニールシートやゴミ袋で壁やドアを覆ったらどうでしょうか。便を塗られたらはがして、また覆えばいい。多少の手間はかかりますが、怒りやイライラがなくなるぶん、精神的にはずっと楽になります」

そもそもこうした症状はずっとはつづかない。認知症の進行や体力低下とともに行動範囲が狭くなり、ベッドや車椅子などで過ごす時間も多くなる。あくまでも一時的な問題ととらえ、「割り切りじょうずになってください」、そう杉山医師は言う。

ケアマネジャーの親も毒親だった

ケアマネジャーの山田さんも、「認知症の人の介護には王道も正解もない」と話す。

「人はそれぞれ個性や生活歴、環境が違います。親を介護するときには『こういうときはこうしなければ』と考えすぎない、そして『私はできない』と自分を責める必要はありません。できないことを無理してがんばるのではなく、ほかの方法を考えたり、ヘルパーやケアマネジャーに協力してもらってください」

たとえば親が入浴を拒むという場合、介護する子どもは「お風呂に入れなければ不潔だ」、「とにかく入浴させなくては」と思い詰めたりする。そんなときには、「一週間くらいお風呂に入らなくてもどうってことない」、「下着のままシャワーをかけるだけでもいいか」、「たまには銭湯に誘ってみよう」などと別の形を探ってみる。昔は銭湯通いが日課だったという父親なら、男性ヘルパーの派遣を頼んで一緒に銭湯に出かけてもらうなどの方法もあるだろう。

こんなふうに親の性格や生活環境に合わせて臨機応変に、割り切りながら、できるだけ楽しく、それが介護の基本だと山田さんは言う。その一方、「介護がつらい、毎日うまくいかない、親が憎い、そんな気持ちはよくわかります」とも口にする。彼女自身が八四歳の認知症の母を介護している上、実のところ両親ともに毒親だったからだ。

「私の父は事業をはじめては失敗し、借金を作っては逃げてしまうという人でした。子どものころは、父の借金の取り立て屋がしょっちゅう家に押しかけてくる。昔の話ですから、暴力団まがいのコワモテの人が乗り込んできて、そのたびに母と私は逃げるように引越しです。古くて安いアパートや借家、そんなところを転々としていました」

ひとり娘だった山田さんは母と二人で怯え、逃げ回るような暮らしを強いられた。専業主婦だった母は仕事探しに奔走し、清掃員や家政婦、スーパーの店頭で焼き鳥を売ったりして働いた。わずかな収入では母娘が食べていくだけで精一杯、そこにまた借金取りが押しかけて返済を迫ってくる。度重なる恫喝や引越し、日々の生活困窮が追い打ちをかけ、とうとう母はうつ病を発症した。

当時の山田さんは中学生、母を助けたくても自分では働けず、看病しようにも精神的な病気を理解するには幼すぎる。孤立無援で追い詰められる山田さんに、さらに苦しい出来事が襲いかかった。

「母が私の首を絞めたり、包丁を突き付けたりするのです。病気のせいだったのか、それとも私が重荷だったのかわかりませんが、あの恐怖と絶望感は忘れられるものじゃありません。私には母しかいないのに、その母から何度も殺されかける。暴言を吐かれたり、八つ当たりでぶたれるようなことも数えきれないほどでした。そんな暮らしから逃げ出したくても、お金や居場所、助けてくれる人だっていないわけです」

母と山田さんを追い詰めた元凶である父は二人の困窮に目を向けることもなく、すでに別の女性と暮らしはじめていた。山田さんが二〇歳のときに両親は正式に離婚したが、その子ども時代は寂しさや貧しさ、父と母から受ける苦しみとの闘いだった。

「自分が散々つらい思いをしたから福祉の道に進んだ」、そう話す彼女はおとなになってから父との交流を絶ち、母とは別々の暮らしを送ってきたという。

認知症の母親への介入のタイミング

その母に認知症と思われる症状が現れたのは二年前だ。専門職の山田さんはすぐに異変に気づいて受診を勧めたが、母は「私は病院なんて行かない」と頑なだった。双方の自宅は車で二〇分ほどの距離だったため、山田さんは時間をやりくりして母の様子を見にいくことにした。

認知症になった母は料理の手順を思い出せず、自分でご飯のしたくができない。それでもコンビニのお惣菜を買ってくる様子に、山田さんのほうは「まぁ飢え死にしないならいいか」と考えた。母をないがしろにしていたわけではなく、介入のタイミングを計っていたのだという。

「そのころ母は道に迷って交番のお世話になり、パトカーで自宅まで送ってもらったりしていました。そういうトラブルのたびに『病院で診てもらおう』と説得しましたが、何度勧めても受診を拒否するのです。本人の頑なさ、これまでの生活歴や性格なんかを考えると、無理強いしてもうまくいかないだろうと。少しずつ段階を踏んで最低限のところを支えていく、それでも無理となったときのほうが本人も納得しやすいかなと考えました」

とはいえこうした方法はあくまでも山田さんの場合であり、すべての人に共通するものではない。母親の性格や親子の関係性などを踏まえた、彼女なりの臨機応変の対応だ。

しばらくすると母はコンビニの惣菜を買わなくなり、今度はお菓子ばかり食べるようになった。母の家の冷蔵庫を開けるとスポンジケーキしか見当たらないこともあり、山田さんはご飯やおかずを持参するようになる。

一年ほど過ぎると、冷蔵庫に何も入っていない日が現れた。そこで山田さんは母に「受診と介護保険の申請」を勧め、併せて同居を持ちかけた。

「さすがに母も、これ以上は無理だと感じていたようです。介護申請に納得してくれて、ほどなく要介護一と認定されました。今年の五月に私のマンションで同居をはじめましたが、『こんなところに来たくなかった』とか、いきなり文句の連発です。私は専門職ですから、母の言動は認知症特有の混乱なのだと頭では理解できる。でもつい感情が先走って、お母さんは昔からこうだった、ああだったと責めてしまいます。専門職の自分でも親を冷静に見られない、昔から引きずってきた苦しみはそう簡単に消えないものだと実感しましたね」

いつか母と心の底からわかりあいたい

山田さんは母との同居後、「真空パックが開いた」感覚を覚えたという。それまで封をしてきた過去が一気になまなましく現れた、そんな気がしてならない。それこそ小学生のときの話にまで遡り、毒親だった両親への恨みつらみが噴出しそうになったりする。

それでも山田さんが母との同居を選び、主体的に介護に関わろうと決めたのには、大きく二つの理由がある。ひとつはお金の問題だ。

「母には国民年金しかなく一ヵ月の受給額は三万円ほど、それでは特別養護老人ホームに入るのもむずかしいでしょう。そもそも都内の特養は満杯で、要介護五の人でも入れなかったりする。地方の施設や、安いけれど劣悪な無認可施設に入所せざるを得ない高齢者も増えています。私は仕事柄そういう現実を知っているので、お金のない母の先行きが見えてしまう。自分の母親を遠くの施設にひとりで送るのか、劣悪な無認可施設に入れてもいいものかと悩みました」

お金のない母の先行きに悩むくらいならひとまず同居してみよう、そう山田さんは考えた。それは母のためというよりも、「自分の納得のため」だ。

「八四歳という母の年齢、そして認知症であることを考えると、一緒に過ごせるのもあと数年かなと思います。母はいずれ施設のお世話になるかもしれないし、あっけなく亡くなることだってあるでしょう。それまでの間に、私はこれだけのことをした、やれることはやったという納得がほしい。自分で自分に、よくがんばったね、そう言いたい気持ちがあるんでしょうね」

同居を選んだもうひとつの理由は希望、「母とはいろいろあったけど、可能ならいい関係になりたい」と話す。

実際に希望を見出せるのか、今の山田さんには確たる自信はない。母の言動についひどい言葉を返したり、些細なことで苛立ったり、過去の苦しみが沸き起こることがあるからだ。思わず母を責めてしまう自分に後悔と罪悪感を覚えながら、一方でその感情があるからこそ次につながるようにも思える。

今日の自分の反省が明日の母への優しさになり、今の失敗が次はこうしようという気持ちを呼ぶ。そんなふうに一日一日を積み重ねながら、いつか母と心の底からわかりあいたい、それが山田さんの抱く希望だ。

「今、私は五四歳です。この年になって過去を振り返ったとき、子どものころの私にひどいことをした両親は今の私よりずっと若かった、おそらく未熟だったなぁと思うのです。特に母は、父の女性問題や借金、生活苦にうつ病、いろんな苦しみを抱えていた。もしも私が母と同じ年齢で同じ苦しみを抱えたら、自分のことに精一杯で毒親にならざるを得なかったかもしれません」

毒親介護の中で見えてくる希望

子どもの視点から母を見るのではなく、母の人生を自分に置き換えるとまた違った思いが生じる。山田さんの言葉からは、かすかな、けれども大切な希望が見える気がする。

自分を愛してくれなかった親に愛されたい、今からでも自分を認めてくれるような親に変わってほしい、その切なる思いを叶える鍵は親ではなく、実は自分にあるのだろう。変わらない親に苛立つよりも、自分が親への見方を変え、あるいは向き合い方を変えていく。変

「子どもに捨てられるようなひどいことをした親」ならば、捨ててもいいし、逃げてもいい。捨てられた親がどのような末路を辿ろうと、それは自業自得だろう。

本書で挙げてきた事例のように、たとえ子どもに介護されても「とっとと死んでほしい」などと思われるのが毒親だ。老いてなお子どもを苦しめる存在として嫌悪され、軽蔑されるが、それもまた自業自得と言えるだろう。

だが、老いた毒親の立場になったとき、彼らにはひとりで人生を切り開くような力はほとんど残っていない。病気や障害を抱えたり、認知症を患ったり、お金がなかったりする親たちは、自分がひどいことをした子どもに頼らざるを得ないという老いの現実を負っている。

自分を嫌い、憎んでいる子どもの手を借りなければ、食事や排泄さえ立ち行かない。厄介者、迷惑だ、そう疎まれても不自由な体では逃げ出せない。バカになった、役立たずだと蔑まれるが、認知症ならば適切に反論することもできないだろう。

子どもとの過去を悔いていたとしても、うまく言葉を発せられないまま寝たきりの時間を過ごす。せめてもの感謝や反省を伝えたくても、その機会を逸したまま死を迎えてしまうかもしれない。それはもしかしたら十分苦しく、その苦しみこそが彼らの償いにはならないだろうか。

自分が老いた親の立場だったら、子ども側のその思いが何かを変えるかもしれない。少なくとも介護する人たちは、まだ自分の力で歩いたり、話したり、考えたりすることができるのだ。

もしも変えられることがあるのなら、わずかでもできることに気づいたら、これまでと違った一歩を踏み出すことを勧めたい。あらたな思いで歩くとき、話すとき、考えるとき、助けてくれる誰かはきっといる。

医師や看護師などの医療スタッフ、ケアマネジャーやヘルパーといった介護スタッフ、介護者の相談に乗るＮＰＯや介護者が集う家族会、友人や知人、地域の人、実にさまざまな人たちが毒親介護を支えてくれる。

希望は親との関係だけに求めるものではない。介護を担う人たちの懸命な日々の中に、出会いやつながり、学び合いや助け合い、そんないくつもの希望があるはずだ。

おわりに

本書を執筆した理由には大きく二つある。ひとつは私の職業上の理由、もうひとつは個人的な体験によるものだ。

私は三〇年近く家族をテーマに取材をしてきた。夫婦や親子、子どもの現状を追う中で、特に思いを駆り立てられたのが児童虐待に関わる問題だった。

児童虐待は子どもが虐げられることと解釈されているが、その恐怖や絶望は子ども時代だけでは終わらない。おとなになっても過去の苦しみを引きずり、あるいはおとなになったからこそ過去の苦しみに気づく。幼くして理不尽な暴力を受けた人たちは何十年にもわたって深い傷と闘い、みずからに傷を負わせた親への嫌悪とも闘わなくてはならない。

こうした取材の過程で、かつて自分を傷つけた親、本書で言うところの「毒親」に介護が必要になったという人たちの声が集まりはじめた。あれほど強権をふるった親は老い、病気や障害を抱え、今や子どもの助けを求める弱き存在だ。自分なりに助けてやろうと思いつつ、いざ親と向き合うと暗い記憶がよみがえり、黒々とした感情を覚えるという。そんな彼らの苦悩は過去の親子関係のみならず、「介護」がもたらすものも大きかった。

日々の食事や排泄の世話、体位交換などによる疲労。親の言動に振りまわされ、擦り切れていく心。仕事や人とのつながりを失い、手持ちのお金も減っていく。不安な日々の中でどう自分を保っていけばいいのか、それは私の個人的な体験でもあった。

私が最初に介護の問題に直面したのは一三年前、まだ四〇代だった兄がＡＬＳ（筋萎縮性側索硬化症）を発症したことにはじまる。ＡＬＳは難病中の難病とされ、原因も治療法も確立されていない。具体的には全身の筋肉が動かなくなり、ついには呼吸もできなくなって死に至る。人工呼吸器を装着すれば生きることはできるが、それには想像を絶するほどの苦痛と、二四時間の休みない介護がつきまとう。

全身が動かないというのは、たとえばかゆいところがあっても掻くことができない。話すことができなくなり、「痛い」も「つらい」も言えない。何も食べられず、「食べる楽しみ」とも無縁になる。こんなふうにあらゆる体の自由を奪われるが、それでいて脳は正常だから、かゆみも痛みも、暑いも寒いも、全部の感覚が残ってしまう。

難行苦行の人生と家族への多大な負担が予想されるため、人工呼吸器を装着しない患者さんも少なくない。兄も当初はその選択をしていたが、紆余曲折を経て人工呼吸器を装着し、発症から三年目に在宅療養をすることになった。

発症からの数年間、兄の家族はもちろんのこと、実家の両親や妹の私も医療や介護の問題に心身をすり減らした。ALSではその深刻な病状ゆえ、当人はもとよりまわりの人間も「地獄を見る」などと言われるがまさにそうだった。

それぞれの立場で懸命に、必死でありながらも、介護の過酷さが人の心を打ち砕き、家族を分断してしまう。私は妹の立場であれこれ奔走していたが、このころ自分も介護の問題を抱えはじめていた。二世帯住宅で同居していた夫の母におかしな様子が現れたのだ。


同居とはいえ、義母と私はもともと距離を置いて暮らしていた。早くに夫と死別した義母は独立心が強く、一方の私は仕事中心の不出来な嫁だ。

それがある夏、義母の居室から大量のゴキブリが発生した。あとになって思えば衰えのはじまりだったのだろうが、私のほうは嫌な気持ちでたまらない。ちゃんと掃除をすればいいのに、そう腹を立てながら家のあちらこちらに駆除剤を置き、ついでに留守中の義母の居室へこっそり入ってみた。

六畳の和室と洋室、それにキッチンを備えた居室は見るからに雑然としていた。服や下着が散乱し、食べかけの惣菜や果物、汚れた食器や古新聞がそこかしこに散らばっている。どうしたものかと思ったが、義母の許可なく片付けるわけにもいかない。形だけでも嫁という立場では注意もできず、「見なかったこと」にしてそのままやり過ごした。

その後も次第におかしな様子が増えていった。洗濯物を干す日が少なくなり、ゴミの収集日にもゴミ出しをする気配がない。さすがに心配になって何度か声をかけたが、その都度「大丈夫だから。心配しないで」と返され、私はまたもやり過ごした。

ゴキブリ発生から半年ほど経ったころ、今度は共用していた浴室から尿臭や便臭がするようになった。義母の入浴後に確かめると洗い場で排泄した跡があり、排水口に大便が残っている。これはもう看過できないと夫に相談し、夫婦で地域包括支援センターに出向いて介護申請をした。

介護認定が下りるまでの二ヵ月、そのわずかな期間に義母の状態はみるみる悪化した。その場にないものを「見える」と言い出し、「アンタがお金を盗んだ」、「ご飯を食べてない」、「学校がはじまるから出かけてくる」などと大騒ぎを繰り広げる。私が作り置いた食事を廊下にぶちまけ、使用済みのオムツをベッドや押し入れに隠し、そうかと思うと「お母さん、お母さん」と昼夜を問わず私の後にくっついて離れようとしない。

認知症と診断され、要介護三の認定が下りて介護サービスの利用をはじめたが、私はほとんど仕事ができなくなった。それまでも家事を担い、二人の息子を育てながらの仕事だったから、思うように働けないことは少なくなかった。だが、介護のせいで仕事ができないというのは精神的にひどくこたえる。

フリーランスの不安定な立場で仕事の依頼を断るのは、生活基盤を投げ捨てるようなものだ。そんなふうに少なからず自分を犠牲にしながら義母の世話に追われても、当の本人はあっけらかんと食べ、ところかまわず排泄し、ワケのわからない話を延々と繰り返す。

一年が過ぎたころ、ケアマネジャーの尽力で義母を特別養護老人ホームに入所させることができた。安堵したのも束の間、ほどなく夫と私は離婚する。おまけに込み入った事情を抱えた夫は、一人息子ながら「母親の面倒を見ることができない」と言ってきた。

施設と入所者は契約を交わしており、費用の支払い保証人や緊急時の身元引受人が必須条件だ。それらを負える夫側の親族も見当たらず、やむなく私が義母を支えていくことになった。

義母とは血縁上も法的にも赤の他人、むろん私には何の義務もない。にもかかわらず一切を引き受けたのは決して善人だからではなく、ひとつはおかしな正義感だ。私は子どものころから、つい人助けをしたくなっては余計な苦労を背負い込む。そしてもうひとつは、とにかく単純に突き進んでしまう猪突猛進のような気質があった。

実際、そのときの私は「面倒を見るといっても、まぁ二、三年のことだろう」と単純に考えた。義母は当時八〇代後半で、年齢的にも心身の状況からもそう長くはないだろうと踏んだのだ。

こうして私は義母の保証人兼身元引受人となり、その最期までの責任を負うことになった。定期的な面会や施設との面談は苦にならなかったが、お金の面では苦労した。義母は国民年金と民間の個人年金を得ていたが、それでも毎月五万円近く不足する。その不足分は私が補塡していかなくてはならない。

再開した仕事をフル回転でこなしたが、母子家庭になった上に収入も安定せず、五万円の捻出に頭を抱えることも多かった。大学生だった長男は奨学金を受給し、一足早く社会人になっていた次男には少ない給料の中から生活費の助けを受けた。

綱渡りの日々に追い打ちをかけるように、今度は私の母が突然死する。兄の病状に心痛を深めていた母は誰にも看取られず、ひとり苦しみながら命を終えてしまった。

単純な私も、さすがに絶望に落とされた。自分の母に何の親孝行もできなかったのに、他人の母親を助けていることが心底バカらしい。もうやめよう、もう捨ててやる、何度そう思ったかわからない。

深い悲しみを抱えたままかろうじて面会に行くと、義母は「おまんじゅう、ちょうだい」と子どものようにせがみ、私が持参したまんじゅうをペロリとたいらげては「もっと食べたい」。

義母には離婚の件も、お金の苦労や母の死も伝えておらず、仮に伝えたところですぐに忘れてしまうから仕方のない言動だ。頭では理解していても、しつこくまんじゅうをせがむ意地汚さにはらわたが煮えくり返り、なんでアンタが死なないんだよ、能天気にいつまで生きるんだよ、そう胸の奥で毒づいてしまう。

それでも私は、義母を見捨てることができなかった。当初の二、三年の見込みはとうに過ぎ、七年、八年と経っても義母は変わらず生きていた。面会、面談、施設が催す夏祭りや敬老会。さまざまな機会に足を運ぶうち入所するほかのお年寄りとも仲良くなり、一緒に懐メロを歌ったり、折り紙の工作をしたり、老いた人たちとのひとときを味わった。

このころから義母はシワだらけの手を合わせ、私を拝むようになった。「お母さんは神様みたいな人だよ」、予想外の言葉にウルッとすると、一転して「ミカン食べたい」、「今日はカステラあるの？」などと言い出す。

なんだよ、食べ物ほしさのお世辞なのかとガッカリすると、義母は再び手を合わせ、「お母さん、これから幸せになるんだよ」と笑ってみせる。童女のようなその笑顔に、私はなぜだか涙がこぼれ落ち、思いがけない絆を得たような気がした。

介護を通じて深く関わるようになってから一一年、私は義母を見送った。重い責任から解放された安堵感と、自分でも意外なほどの寂しさがあった。

私が自分なりの力を振り絞っている間、兄や兄の家族も懸命に生きていた。多くの人から数えきれない支援を受け、在宅療養生活も一〇年が過ぎている。ここに至るまできれいごとでは済まない場面も多かったが、ときに反目し、また別のときにはともに泣き、それが介護というものだろうか。

そうして私は今、電車で片道三時間をかけ、父の介護のために実家通いをしている。母亡き後、一人暮らしをしていた父も要支援二となって体も心もめっきり衰えた。老いた父を前にして、お父さんの介護は任せて、そう言いたいところだが現実は逆だ。

私は些細なことにイライラし、父のほうはすぐに激高して怒鳴り散らす。真っ赤な顔で息巻く相手にうんざりし、あー、やってられないよ、と今にも投げ出しそうだ。

それでも足元が不安げな父に「手をつなごうか？」と言えば、先ほどとは打って変わって素直に「うん」と応じてくる。

父と手をつなぐのは何十年ぶりだろう、このぬくもりはいつまでつづくのだろう、そんな思いがふとよぎり、私はまたあらたな絆を噛みしめる。

二〇一九年一〇月　　石川結貴

石川結貴（いしかわ ゆうき）
ジャーナリスト。家族・教育問題、児童虐待、青少年のインターネット利用などをテーマに取材。豊富な取材実績と現場感覚をもとに書籍の刊行、雑誌連載、テレビ出演、講演会など幅広く活動する。
著書に『スマホ廃人』（文春新書）、『ルポ　居所不明児童～消えた子どもたち』（ちくま新書）、『ルポ　子どもの無縁社会』（中公新書ラクレ）、『誰か助けて～止まらない児童虐待』（リーダーズノート新書）など多数。日本文藝家協会会員。
公式ホームページ　https://ishikawa-yuki.com/

文春新書

1240

毒親介護《どくおやかいご》

2019年11月20日　第1刷発行

著　者　　石川結貴
発行者　　大松芳男
発行所　株式会社 文藝春秋

〒102-8008　東京都千代田区紀尾井町3-23
電話（03）3265-1211（代表）

印刷所　　理想社
付物印刷　大日本印刷
製本所　　大口製本

定価はカバーに表示してあります。
万一、落丁・乱丁の場合は小社製作部宛お送り下さい。
送料小社負担でお取替え致します。

ISBN978-4-16-661240-6